I0199138

# Una mirada crítica al componente sociocultural en los libros de texto de español como L2

María Dolores López-Jiménez

# Una mirada crítica al componente sociocultural en los libros de texto de español como L2

La cultura en libros de español como L2

PETER LANG

**Información bibliográfica publicada por la Deutsche Nationalbibliothek**
La Deutsche Nationalbibliothek recoge esta publicación en la Deutsche
Nationalbibliografie; los datos bibliográficos detallados están disponibles
en Internet en http://dnb.d-nb.de.

**Catalogación en publicación de la Biblioteca del Congreso**
Para este libro ha sido solicitado un registro en el catálogo
CIP de la Biblioteca del Congreso.

Esta investigación ha sido financiada por el Fondo Europeo de
Desarrollo Regional (FEDER, 80 %) y por la Consejería de
Economía, Conocimiento, Empresas y Universidad de la Junta de
Andalucía (20 %) en el marco del proyecto de investigación
UPO-1380541.

This research was supported by the European Regional
Development Fund (ERDF, 80 %) and by the Department of
Economy, Knowledge, Business and University of the Andalusian
Regional Government (20 %) within the framework of research
project UPO- 1380541.

ISSN 2511-9753
ISBN 978-3-631-88563-5 (Print)
E-ISBN 978-3-631-88564-2 (E-PDF)
E-ISBN 978-3-631-88565-9 (EPUB)
DOI 10.3726/19998

© Peter Lang GmbH
Internationaler Verlag der Wissenschaften
Berlin 2022
Todos los derechos reservados.

Peter Lang – Berlin · Bruxelles · Lausanne · New York · Oxford

Esta publicación ha sido revisada por pares.
Esta publicación no puede ser reproducida, ni en todo ni en parte, ni regis-
trada en o transmitida por un sistema de recuperación de información, en
ninguna forma ni por ningún medio, sea mecánico, fotoquímico, electrónico,
magnético, electroóptico, por fotocopia, o cualquier otro, sin el permiso previo
por escrito de la editorial.

www.peterlang.com

*A mi madre, mi guía celestial.*
*A mi hijo Manuel, la luz de mi vida.*

# Índice de contenidos

Abreviaturas y aclaraciones ........................................... 11

Introducción .............................................................. 13

Capítulo 1. Cultura ..................................................... 21

    1 El concepto de 'cultura' ........................................ 21

    2 'Cultura' desde el s. XIX hasta el nuevo
      milenio: un recorrido por el concepto ...................... 22

Capítulo 2. El componente sociocultural en los
documentos normativos para la enseñanza de
L2 ........................................................................ 29

    1 Marco Común Europeo de Referencia (MCER) ........ 29

    2 Plan Curricular del Instituto Cervantes (PCIC) ......... 36

    3 Marco de Referencia para los Enfoques Plurales
      (MAREP) de las Lenguas y de las Culturas (MAREP) ... 40

Capítulo 3. La enseñanza del componente sociocultural
en L2 ..................................................................... 43

    1 El componente sociocultural en los métodos y
      enfoques de enseñanza de L2 .................................... 44

    2 Tendencias en la enseñanza del componente
      sociocultural de L2 .................................................. 48

    3 Paradigmas y marcos teóricos-descriptivos en la
      enseñanza del componente sociocultural de L2 ......... 49

      3.1 Del paradigma de la competencia
          sociocultural al paradigma de la competencia
          intercultural ...................................................... 50

      3.2 Marco teórico-descriptivo de Michael Byram ..... 52

3.3 Marco teórico-descriptivo de Claire Kramsch ..... 56

3.4 Marco teórico-descriptivo de Karen Risager ....... 59

**Capítulo 4. La presencia del componente sociocultural en libros de texto para la enseñanza de L2** ......... 63

1 El papel del libro de texto en la enseñanza del componente sociocultural en L2 ............................... 64

2 Una visión superficial, materialista y estereotipada del componente sociocultural ................................ 67

3 La presencia de la Cultura con C mayúscula y la cultura con c minúscula ...................................... 71

4 La interculturalidad ..................................... 78

5 La influencia del neoliberalismo en la clase social ..... 81

**Capítulo 5. Análisis del componente sociocultural en una selección de libros de texto para la enseñanza del español como L2** ............................... 85

1 Objetivos ................................................. 87

2 Metodología de trabajo ................................. 87

2.1 Criterios de selección de los libros de texto ........ 87

2.2 Identificación de los libros de texto ................... 88

2.3 Elaboración de categorías y criterios de análisis . 88

Categoría 1: ¿En qué medida el enfoque sociocultural que aparece en el LT está bien fundamentado e informado? ................................. 90

Categoría 2: ¿En qué medida el enfoque sociocultural que aparece en el LT está bien organizado y estructurado? ................................. 91

Categoría 3: ¿En qué medida el enfoque sociocultural que aparece en el LT es diversificado? ...................... 92

2.4  Material analizado ............................................. 94

3  Resultados ................................................................ 94

Categoría 1: ¿En qué medida el enfoque
         sociocultural que aparece en el LT
         está bien fundamentado e informado? ... 94

Categoría 2: ¿En qué medida el enfoque
         sociocultural que aparece en el LT
         está bien organizado y estructurado? .. 102

Categoría 3: ¿En qué medida el enfoque
         sociocultural que aparece en el LT es
         diversificado? ...................................... 106

4  Debate sobre las tres categorías analizadas ............. 110

Enfoque fragmentado ............................................. 117

Presencia habitual de aspectos socioculturales
visibles y externos ................................................. 117

Ausencia de información intercultural explícita
sobre la C1 ............................................................. 118

Comunicación intercultural defectuosa ................... 119

Reducción de la amplitud geopolítica de la
comunidad hispanohablante .................................... 119

Reducción de la amplitud humana y social de la
comunidad hispanohablante .................................... 120

Casi total ausencia de diversidad en los usos
sociolingüísticos del español .................................... 122

Capítulo 6.  Conclusiones e implicaciones pedagógicas ......... 123

Referencias bibliográficas ............................................. 129

# Abreviaturas y aclaraciones

| | |
|---|---|
| L1: | lengua materna. |
| L2: | lengua no materna o lengua segunda, es decir, cualquier lengua que no sea la L1, ya sea segunda, tercera, cuarta lengua, etc. |
| L2-LE: | lengua extranjera. Se refiere a la L2 que se aprende en un contexto formal de aula y no coincide con la lengua vehicular y/o oficial de la comunidad. |
| L2-SL: | segunda lengua. Hace mención de la L2 que se aprende en un contexto natural y coincide con la lengua vehicular y/u oficial de la comunidad. |
| LT: | libro de texto. |
| C1: | cultura materna. |
| C2: | cultura no materna o cultura meta. |
| MCER: | Marco Común Europeo de Referencia. |
| PCIC: | Plan Curricular del Instituto Cervantes. |
| MAREP: | Marco de Referencia para los Enfoques Plurales de las Lenguas y las Culturas. |
| "Mundo hispanohablante", "comunidad hispanohablante", "países hispanohablantes": | estas expresiones se han usado para referirse a España y a América Latina. |
| "Español como L2": | se refiere a español como lengua no materna, sin hacer una distinción entre contextos de L2-LE y L2-SL. Se ha evitado usar el acrónimo ELE, que tan frecuente resulta en la bibliografía del español como L2, para referirse tanto a español como L2-LE como a español como L2-SL. Este acrónimo |

|  |  |
|---|---|
|  | usado en sentido genérico carece de la precisión que aportaría la distinción entre "español como L2-SL" y "español como L2-LE". |
| "Sociocultural": | se ha preferido usar el término "sociocultural" y no "cultural" en expresiones como "componente sociocultural", "aspectos socioculturales", "contenidos socioculturales" por englobar aspectos de la sociedad y de la cultura además de abarcar cuestiones interculturales de la C1 y la C2 en un sentido amplio del término. |

En caso de que un término procedente del inglés pueda aparecer traducido al español de distintas formas, se ha preferido usar la traducción que el Instituto Cervantes otorga al término. Sirva de ejemplo la palabra "acculturation" que puede aparecer traducida como "aculturación" y "enculturación". En este caso, en el presente trabajo se ha optado por "aculturación", ya que es la traducción que aparece en los documentos del Instituto Cervantes.

"Adquisición de una L2" y "aprendizaje de una L2": se han usado como sinónimos, a pesar de que Krashen (1982) hace una distinción entre ambos para referirse al proceso natural e inconsciente, especialmente en contextos de inmersión en el primer caso y para hacer referencia al aprendizaje formal y consciente en el segundo.

# Introducción

La creciente interdependencia y, por tanto, necesidad de comunicación entre distintos países del mundo en forma de globalización, acarrea no solo una necesidad imperiosa de aprender lenguas no maternas (L2), sino también un acercamiento o incluso comprensión de la comunidad en la que la L2 es la lengua vehicular a través de intercambios de ideas y experiencias con los miembros de la cultura meta (C2).

La incorporación del componente sociocultural a la enseñanza de L2 ha formado parte de un debate muy fructífero en el área de didáctica de L2 desde el último cuarto del s. XX. En la didáctica de la enseñanza de L2 se reconoce que el aprendizaje de L2 no debe considerarse un proceso únicamente lingüístico, de ahí que actualmente el componente sociocultural se trate como una parte integrante del proceso de enseñanza y aprendizaje incluso en modelos preeminentemente lingüísticos (Lantolf y Poehner, 2008; Zuengler y Miller, 2006). Hoy en día, ya no se cuestiona la inclusión del componente sociocultural en la enseñanza de L2 sino más bien qué, cómo, y cuándo introducir diferentes aspectos socioculturales de la C2.

Se han identificado diversos periodos que se corresponden con tendencias en la concepción del componente sociocultural de la L2 (Risager, 2011), además de diferentes marcos teóricos (cf. Byram, 1989, 1997; Kramsch, 1993, 1998a, 2006; 2013; Risager, 2006, 2007, 2008) para tratar al mismo. A comienzos de la segunda mitad del s. XX el componente sociocultural se asocia al concepto de 'Cultura con C mayúscula' o civilización y al de cultura nacional. En cambio, en la última década del s. XX este componente pasa a relacionarse mayormente con la cultura con c minúscula y se desarrolla el concepto de 'consciencia cultural' (Byram, 1997), por medio del cual el aprendiz de L2 adoptaría una perspectiva crítica y reflexiva de las prácticas, productos y perspectivas entre su cultura materna (C1) y la C2. No será hasta comienzos del nuevo milenio cuando el componente sociocultural adquiera una concepción transnacional (Risager, 2011) para dar respuesta a la globalización del mundo actual.

Asimismo, la relación entre lengua y cultura no ha estado exenta de distintas interpretaciones provenientes de marcos teóricos desarrollados en la segunda mitad del s. XX. En el caso de Byram y otros (Byram, 1997, 2000; Byram y Fleming, 1998, etc.), lengua y cultura presentan una relación indisociable en la que la cultura queda vinculada a una cultura nacional y a un sistema lingüístico homogéneo y estable. Sin embargo, esta visión de lengua y cultura será cuestionada más tarde por Kramsch (1998a). La autora rechaza equiparar una cultura con una nación o comunidad lingüística determinada. En cambio, pone el énfasis en la comunidad de discurso que comparte prácticas comunes y que no necesariamente coinciden con un espacio común (nación, región, comunidad). Más adelante, Risager (2008) se opone a la indisociabilidad de lengua y cultura alegando que existen referencias culturales (evento o hecho) que se pueden expresar en distintas lenguas y, por tanto, equiparar una cultura a una lengua materna (L1) que se habla en un país resulta una simplificación impropia de hoy en día, teniendo en cuenta la globalización y los movimientos migratorios de personas que llevan consigo su propia L1.

Numerosas y conocidas son las ventajas que presenta la enseñanza explícita del componente sociocultural (Heusinkveld, 1985; Mogan, 1993; Webber, 1987) entre las que cabe destacar el incremento de la motivación y la sensibilidad cultural en el alumnado además de facilitar la aparición de actitudes positivas para así evitar los estereotipos.

No obstante, la enseñanza explícita del componente sociocultural en L2 no ha estado exenta de críticas debido a la falta de sistematización, fundamentación y de involucración del aprendiz. Este estudio, en concreto, se centra en el análisis del componente sociocultural en libros de texto (LT) para la enseñanza del español como L2 y parte de la negación de un único modelo adecuado para el tratamiento de la C2. Entre las razones por las que se ha elegido esta línea de investigación cabe destacar las que siguen a continuación. Primero, hasta la fecha apenas existen investigaciones que se centren en un examen exhaustivo de dicho componente en este tipo de materiales (cf. Bori y Kuzmanovic Jovanovic, 2020; Illescas García, 2014, 2016; Morales-Vidal y Cassany, 2020; Pinnix, 1990; Ramírez y Hall, 1990). Segundo, en la actualidad el español está experimentando un importantísimo auge como L2 en contexto de segunda lengua (L2-SL), es decir, lengua que se aprende como L2 y que es la lengua vehicular (y oficial) de una determinada comunidad (por ejemplo, español en España), y en contexto de lengua extranjera (L2-LE), esto es, en aquellas comunidades en las que se aprende como L2 y no es lengua vehicular (por ejemplo, español en Alemania), o bien como lengua franca, lengua vehicular usada por hablantes que no comparten la misma L1/C1, especialmente relevante en contextos de negocios y/o políticos. Según el anuario del Instituto Cervantes titulado *El español en el mundo 2021*, las cifras referentes a esta lengua quedan de la siguiente manera:

(a) en los últimos 30 años el número de hispanohablantes ha aumentado en casi un 70 %;
(b) los usuarios potenciales de español sobrepasan los 591 millones, esto es, el 7.5 % de la población del mundo, de los cuales 493 millones son nativos hablantes además de ser la segunda L1 después del chino mandarín;
(c) el español junto con el francés y el chino mandarín ocupan la segunda posición en la clasificación de L2 más estudiadas;
(d) el número de alumnos que aprenden español como L2 supera los 24 millones en la actualidad;
(e) la presencia internacional del español se traduce en que en la actualidad es la cuarta lengua más poderosa del mundo, la cuarta en la Unión Europea, la tercera en la ONU, y la lengua más empleada, o incluso la única, en organismos de integración americana e iberoamericana, por lo que comparte protagonismo junto con el portugués, el inglés y el francés.

Tercero, a pesar de la abundancia de materiales didácticos que están disponibles en el mercado editorial hoy en día, el LT continúa siendo la principal herramienta educativa en la docencia de L2. Los LT seleccionados para este estudio están dirigidos a adultos jóvenes (17–19 años) y adultos (20 años en adelante), con fines generales, pertenecientes a tres niveles de lengua (inicial, intermedio y avanzado) y publicados a lo largo de una década (2008–2018). La autora ha considerado que la elección de LT pertenecientes a tres niveles de lengua otorgaría al estudio una visión más amplia del tratamiento dado al componente sociocultural antes que si se hubiera centrado en un único nivel de lengua. Igualmente, la elección de la edad a la que están destinados los LT (adultos jóvenes y adultos) queda justificada por ser en ambos casos periodos en los que el individuo, a través de la reflexión personal, puede ampliar sus horizontes y convertirse en un ser culturalmente versátil en un mundo cada vez más internacional.

En total, el libro consta de seis capítulos. En el primer capítulo se pone de relieve la dificultad de acotar el concepto 'cultura' a través de diferentes significados e interpretaciones ofreciendo un recorrido por las distintas definiciones e identificaciones del concepto desde el s. XIX hasta la actualidad. El segundo capítulo describe la presencia del componente sociocultural en tres documentos normativos para la enseñanza de L2, esto es, el Marco Común Europeo de Referencia (MCER, 2001), el Plan Curricular del Instituto Cervantes (PCIC, 2006) y el Marco de Referencia para los Enfoques Plurales de la Lengua y las Culturas (MAREP, 2013[1]). El MCER (2001) se presenta como el primer documento procedente de un proyecto general de política lingüística del Consejo de Europa para el diseño de programas de L2 por medio del cual se explicitan los contenidos que deben formar parte de la competencia sociocultural. En 2006 el Instituto Cervantes adapta las propuestas del MCER en el PCIC intentando aportar sistematicidad a la enseñanza del español como L2 a través de tres apartados llamados *Referentes culturales*, *Saberes y comportamientos socioculturales* y *Habilidades y actitudes interculturales*. Tanto el MCER como el PCIC no definen el concepto 'cultura' de forma explícita. En ambos documentos se parte de una concepción estática, funcional y esencialista de cultura, ignorando la parte simbólica además de tratar el componente sociocultural como un conjunto de reglas delimitadas y asociadas a una región y a una cultura concreta. Por último, el MAREP (2013) propone un conjunto de competencias y recursos para aquellos enfoques de didáctica de L2 en los que entran en juego varias lenguas y culturas, por ejemplo, el enfoque intercultural, en comparación con los enfoques singulares, por ejemplo, el enfoque comunicativo, que se dirigen a una L2 y C2. La falta de un referencial como este documento suponía no poder relacionar los enfoques plurales con las competencias lingüísticas y las disciplinas no lingüísticas. Al igual que sus predecesores, esto es, el MCER (2001) y el PCIC (2006), el MAREP (2013) contiene ciertos puntos débiles como la perspectiva esencialista y un vocabulario poco preciso en determinadas ocasiones.

---

1 Se ha tenido en cuenta la edición del MAREP de 2013 por ser una de las más recientes.

En el tercer capítulo se exponen las ventajas de la enseñanza explícita del componente sociocultural además de denunciar la falta de sistematicidad y fundamentación de la que adolece la enseñanza de dicho componente debido, entre otras cuestiones, a un énfasis en el conocimiento de reglas gramaticales y del léxico. Igualmente, se describe el papel del componente sociocultural en los diferentes enfoques y métodos para la enseñanza de L2, además de ofrecer una exposición exhaustiva de los marcos teóricos-descriptivos para la enseñanza de este componente en L2 propuestos por Michael Byram, Claire Kramsch y Karen Risager. En ellos, se ponen de manifiesto las diversas visiones acerca del binomio lengua y cultura y su relación con el concepto 'nación'.

En el cuarto capítulo se describe el papel del LT en la enseñanza de L2, en concreto, en la introducción de contenidos socioculturales en el aula de L2, destacando el poder transmisor de este material pedagógico al ser productos culturales que contienen identidades, supuestos y perspectivas procedentes de los autores y públicos a los que está destinado el LT. Las numerosas investigaciones sobre la presencia del contenido sociocultural en LT para la enseñanza de L2, especialmente fructíferas aquellas centradas en LT para la enseñanza del inglés, indican que (a) los contenidos socioculturales en los LT presentan la visión superficial del turista incorporando grandes dosis de materialismo y consumismo en detrimento de la inclusión de perspectivas y temas polémicos; (b) no existe actualmente una clara tendencia en el énfasis de contenidos socioculturales pertenecientes a la Cultura con C mayúscula o a la cultura con c minúscula; (c) la presencia de la C1, ya sea de forma explícita o implícita para el desarrollo de la interculturalidad en dichos materiales está cobrando cada vez más importancia, especialmente desde el comienzo del nuevo siglo y (d) las ideologías neoliberales están presentes en la clase social por medio de la omnipresencia de la clase media/media-alta mientras que la clase trabajadora y las injusticias estructurales del capitalismo se ignoran.

En el quinto capítulo se exponen los objetivos del estudio del componente sociocultural que se lleva a cabo a través de un exhaustivo análisis de dicho componente en una selección de nueve LT para la enseñanza del español como L2, publicados entre 2008 y 2018 y pertenecientes a tres niveles de lengua, esto es, inicial, intermedio y avanzado, tal y como se describe más arriba. En concreto, se investiga si el enfoque sociocultural en los LT seleccionados (a) está bien fundamentado e informado; (b) está bien organizado y estructurado; (c) es diversificado o, en cambio, selectivo y homogéneo[2] y (d) está influido por el año de publicación y el nivel del LT. Los resultados se analizan en torno a tres categorías, cada una de ellas divididas en criterios.

En el capítulo sexto se presentan las conclusiones y las implicaciones pedagógicas del estudio. Se concluye que el enfoque sociocultural está bien fundamentado e informado con respecto a la presencia de un enfoque dual protagonizado por la C2 y la C1 y la inclusión equilibrada de ambos tipos de cultura, esto es, la Cultura con C mayúscula y la cultura con c minúscula. No obstante, el enfoque sociocultural carece de fundamentación y no está bien informado debido a (a) la existencia de enfoques simplistas con información sociocultural superficial y estereotipada a modo de guía de viaje, (b) un enfoque dual defectuoso que demanda del alumno proporcionar la información relativa a la C1, (c) la ausencia de estrategias para hacer frente a las diferencias en la comunicación intercultural de forma no etnocéntrica y (d) la falta de definiciones y/o aclaraciones de conceptos/términos destacados en la enseñanza de la C2. La estructura y organización de los contenidos socioculturales analizados se caracteriza por ser fragmentada sin presentar una gradación de los mismos y por no contener secciones regulares que traten la interculturalidad. Se incluye una comunidad hispanohablante pluralista que no va acompañada de la heterogeneidad que la caracteriza desde el punto de vista geopolítico, humano y social y de los usos sociolingüísticos. En algo menos de la mitad de los LT seleccionados aparece información sociocultural detallada sobre cinco o más países de la comunidad hispanohablante, siendo este número bastante reducido con respecto a la cantidad de países que componen el mundo hispanohablante, situados en ambos hemisferios y gobernados por diferentes regímenes políticos. Asimismo, existe una sobrerrepresentación de la clase media/media-alta influida por las ideologías neoliberales y una escasa presencia de la

---

2   En este caso se ha medido con base en (i) la amplitud geopolítica del mundo/comunidad hispanohablante; (ii) la diversidad humana y social con respecto a la edad, clase social y entorno físico de la comunidad hispanohablante y (iii) la información simplificada de los usos sociolingüísticos del español, por ejemplo, como L1, L2-SL y L2-LE.

clase trabajadora y total ausencia de los más desfavorecidos en los países hispanos. Finalmente, los usos sociolingüísticos que hoy en día forman parte de la lengua española, tales como el uso del español como L2, ya sea en contexto de L2-SL o L2-LE, o como lengua franca apenas se hallan en los LT que conforman este estudio. En general, el nivel de lengua y el año de publicación de los LT no influyen en el tratamiento del componente sociocultural en los LT seleccionados.

Para futuras ediciones de los LT analizados se aconseja (a) introducir contenidos socioculturales de forma gradual y evitar así la fragmentación de estos contenidos; (b) incluir información sociocultural sobre la C1 de forma explícita y no exigir que esta información de la C1 la aporte el aprendiz, teniendo en cuenta que este puede no ser consciente de la misma o no estar preparado para ofrecerla; (c) impedir que exista un exceso de información sociocultural superficial y estereotipada; (d) incorporar una representación más realista de las distintas clases sociales que forman parte del mundo hispano y rehuir de una sobrerrepresentación de la clase media/media-alta y (e) otorgar una mayor importancia al papel actual del español como L2.

Con este estudio la autora ha pretendido escrutar la presencia del componente sociocultural en los LT seleccionados a modo de análisis constructivo, descartando así una crítica destructiva, pues se entiende que el diseño de materiales pedagógicos, ya sean LT u otros materiales, resulta un proceso complejo.

El libro se dirige a un público diverso como pueden ser (a) los profesionales interesados en el análisis de materiales didácticos, (b) los investigadores en la didáctica de L2, (c) los expertos en el diseño de materiales didácticos, (d) las editoriales a las que les interese conocer el tratamiento que recibe el componente sociocultural en los materiales que comercializan y (e) los profesores de español como L2.

# Capítulo 1.  Cultura

**Resumen:** En este capítulo se pone de relieve la dificultad de delimitar el concepto 'cultura'. Se ofrece un recorrido por diferentes definiciones e interpretaciones desde el s. XIX hasta el s. XXI. Dicho recorrido se caracteriza por las diversas reacciones que provoca el concepto, que van desde el rechazo del carácter universal del concepto, el carácter simbólico del mismo que le proporciona dinamicidad, la visión basada en ideas y emociones, así como en hábitos y prácticas compartidos por miembros de una comunidad, el papel de la comunidad de discurso, la identificación del concepto con productos, prácticas, perspectivas, personas y comunidades, el desglose del término en 'Cultura con C mayúscula' y 'cultura con c minúscula', la importancia de la comunicación no verbal en la comunicación humana hasta la identificación del concepto con la idea de verbo, es decir, proceso activo y de creación de significados. Al final del capítulo la autora clarifica que en este libro no se pretende dar una definición concreta de 'cultura' sino más bien señalar los aspectos que engloban los conceptos 'Cultura con C mayúscula' y 'cultura con c minúscula'. Para ello, se tendrán en cuenta identificaciones de diversos autores, reflejando así la complejidad de ambos conceptos.

**Palabras clave:** complejidad, 'Cultura con C mayúscula', 'cultura con c minúscula', verbo

## 1 El concepto de 'cultura'

'Cultura' es un concepto difícil de definir y acotar. Apte (1994) denuncia el hecho de que, a pesar de los esfuerzos para definirlo, a principios de la década de 1990 no había aún un acuerdo entre los antropólogos acerca de la naturaleza del mismo.

Al concepto de 'cultura' se le atribuye una amplia gama de significados e interpretaciones. Prueba de ello es la revisión crítica de más de 160 definiciones que aparecen en el libro de Kroeber y Kluckhohn (1952) titulado *Culture: A critical review of concepts and definitions*. Teniendo en cuenta la variedad y cantidad de definiciones existentes del concepto 'cultura' y la ausencia de un acuerdo unánime en la definición de este, en este capítulo se aportan aquellas que puedan resultar más significativas para el principal objetivo del presente estudio, es decir, estudio del componente sociocultural en LT para la enseñanza de L2, en concreto el español como L2. En la medida de lo posible, la presentación de las mismas obedecerá a un orden cronológico y se enmarcará al autor y la definición dentro de una corriente o disciplina determinada.

## 2 'Cultura' desde el s. XIX hasta el nuevo milenio: un recorrido por el concepto

En el s. XIX antropólogos como Matthew Arnold y Edward Tylor interpretan el término desde dos puntos de vista diferentes. En la obra de Arnold *Culture and anarchy* (citado en Avruch, 1998, p. 6) se identifica la 'cultura' como productos artísticos, lo que hoy en día se llama "alta cultura" (*high culture*) en oposición a "cultura popular". Esta versión del concepto está más próxima a la estética que a las ciencias sociales. Por el contrario, Tylor en la obra *Primitive culture* (1870) (citado en Avruch, 1998, p. 6) se refiere a 'cultura' como una cualidad que está presente en los seres humanos, que se adquiere al pertenecer a un grupo de la sociedad y se presenta como un todo complejo: "that complex whole which includes knowledge, belief, art, morals, law, custom, and any other capabilities and habits acquired by man as member of society".

Ya en el s. XX el antropólogo Franz Boas (citado en Avruch, 1998, p. 7) pone de relieve la unicidad del concepto cultura y rechaza el carácter universal del término. Igualmente, rehúsa de la diferenciación entre "alta cultura" (*high culture*) y "cultura popular". En la misma línea de Boas, Robinson (1985) entrevista a 350 educadores que atienden a sus clases y talleres acerca de qué se entiende por cultura. Las diferentes respuestas se pueden clasificar en tres categorías, esto es, ideas, comportamientos y productos. La autora concluye que los encuestados, en general, no son capaces de clarificar sus definiciones, lo cual una vez más pone de relieve no solo la falta de acuerdo para definir y delimitar el concepto, sino también la ausencia de universalidad, tal y como Boas defendió anteriormente.

El antropólogo Lévi-Strauss (1958, p. 52) aporta una perspectiva simbólica a la cultura considerándola un "conjunto de sistemas simbólicos", entre los que incluye el lenguaje, las ciencias, la religión, el arte, etc. Geertz (1975, p. 89) proporciona otra de las definiciones simbólicas de cultura por medio de la cual la cultura consiste en símbolos cargados de significados y que hacen posible la comunicación humana. De acuerdo con Robinson (1985), es la dinamicidad del concepto lo que realmente hace que se encuadre dentro del enfoque simbólico. Más adelante, Brogger (1992, p. 33) afirma que la cultura consiste en un sistema semiótico en el que no sería suficiente con observar, sino que habría que interpretar el comportamiento de los seres humanos. Este concepto funcionalista de cultura se puede considerar la antesala de la posterior concepción simbólica de cultura en la enseñanza y el aprendizaje del componente sociocultural en L2.

Linton (1972), dentro de las ciencias sociales, contribuye al concepto 'cultura' con una visión basada en los sentimientos y la define como el cómputo total de ideas, emociones y conductas habituales pertenecientes a los miembros de un grupo social, que las han adquirido por medio de la instrucción o imitación. Robinson (1985, p. 10) apuesta por una definición cognitiva de cultura, entendiendo la cultura como un proceso que lleva a un miembro de una comunidad a reflexionar acerca de lo que experimenta para más tarde categorizarlo e interpretarlo.

En 1992 en la XLIII Conferencia Internacional de Educación de la Unesco se señalaba que la cultura comprende modos de vida, tradiciones, creencias, artes y letras. Igualmente, se aclara que la cultura de un país no abarca solamente la cultura culta, sino que también la cultura se nutre de la creatividad y de la memoria.

Poyatos (1994), al igual que Tylor (citado en Avruch, 1998, p. 6), defiende una posición tradicional al definir cultura. La identifica como una "serie de hábitos compartidos por los miembros de un grupo que viven en un espacio geográfico [...], las actividades cotidianas, los productos de ese grupo, [...] las manifestaciones típicas de las personalidades tanto a nivel nacional como individual [...]" (p. 25).

Scollon y Scollon (1995, pp. 166–127) entienden por cultura el conjunto de prácticas de una comunidad concreta que la diferencia de otras comunidades. Esta definición basada en la cotidianeidad de la cultura atiende a una concepción conductual de la misma (Byram, 1989; Robinson, 1985). Asimismo, Byram (1989, p. 43) apunta que los individuos se encuentran bajo el influjo del entorno social en el que se hallan, quedando de relieve la estrecha relación entre cultura y comportamiento.

En la opinión de Kramsch (1998b, p. 27) la cultura está compuesta por aquellas personas que pertenecen a una comunidad de discurso y que comparten un espacio social, la historia y una serie de estándares en lo que a la percepción, creencias, evaluación y actuación se refiere. Kramsch

(1993), dentro de la concepción simbólica[3] propiciada por la dinamicidad que conlleva la propia naturaleza del concepto 'cultura', cree necesario ir más allá de los hechos y significados de una cultura y situarse en un tercer lugar[4] entre la C1 y la C2. Según la autora, en este tercer lugar estarían en una lucha continua los significados de ambas culturas.

Cortazzi y Jin (1999) definen la cultura como un marco de referencia que incluye impresiones, supuestos y creencias en los que se basan las palabras, acciones y patrones de pensamiento. Más tarde, Moran (2001) aporta una definición más específica y completa del concepto 'cultura', haciendo una distinción entre cinco componentes interrelacionados, esto es, *productos, prácticas, perspectivas, personas* y *comunidades.*

Los *productos* conllevan estructuras en su mayoría tangibles que se ubican y se organizan en lugares físicos y que comprenden los objetos que producen o adoptan los miembros de una cultura. Los objetos pueden abarcar desde herramientas, instrumentos, vestimenta, arte, documentos escritos hasta las instituciones (oficiales), el sistema político, el sistema educativo, hechos pertenecientes a la historia, etc. Los productos de una cultura también se denominan "cultura con C mayúscula" o "civilización". Dichos términos se identificarán más adelante en este capítulo.

Las *prácticas* están compuestas por aquellas acciones y comportamientos que son habituales entre los miembros de una cultura como grupo o individuos, y que pueden adoptar la forma de actividades, tradiciones, costumbres, ritos, etc. Las prácticas suelen ser un reflejo de las normas y convenciones de un grupo de individuos y quedan, igualmente, constituidas tanto por lo que se considera apropiado como lo que es inapropiado. Las prácticas pueden incluir el uso de la lengua, la comunicación no verbal e interpretaciones de espacio, tiempo y contexto de comunicación.

Las *perspectivas* quedan constituidas por las percepciones, suposiciones, creencias, valores, actitudes, etc. Son las perspectivas las que actúan de guía

---

3   La concepción simbólica de cultura (Kramsch, 1993) se presentará en el capítulo 3. *La enseñanza del componente sociocultural en L2.*

4   El concepto 'tercer lugar' y el término "terceridad", igualmente, aparecen desarrollados y contextualizados en el capítulo 3. *La enseñanza del componente sociocultural en L2.*

en las prácticas de una cultura. Con frecuencia las perspectivas se presentan como nociones implícitas.

Las *personas* las conforman los individuos que forman parte de una cultura y las comunidades o grupos que la componen. Las personas adoptan una identidad cultural concreta que las identifica, es decir, las une y a la vez las distingue de otros miembros de una cultura. Asimismo, Moran (2001) afirma que la cultura posee al mismo tiempo una naturaleza individual y colectiva, es decir, psicológica y social.

Las *comunidades* se identifican como los contextos sociales, los grupos y las circunstancias en las que las personas llevan a cabo las prácticas culturales. Los contextos pueden estar compuestos por grupos amplios (por ejemplo, la cultura nacional, la lengua, el género, la raza, la religión o la generación a la que se pertenece) o agrupaciones más acotadas como pueden ser el club social o el grupo deportivo al que pertenecemos, la familia o los compañeros de trabajo, etc.

Del mismo modo, y de acuerdo con Stern (1992), a partir de los años 1960 se han reconocido dos orientaciones de 'cultura', que han sido desglosadas en "Cultura con C mayúscula" y "cultura con c minúscula". A continuación, se ofrecen algunas definiciones de ambos términos.

Tomalin y Stempleski (1993, p. 6) identifican la Cultura con C mayúscula con la historia, la geografía, las instituciones, la literatura, el arte y la música. Por el contrario, la cultura con c minúscula, o cultura del comportamiento, incluye creencias, percepciones que se expresan a través de la lengua y también a través de los comportamientos culturales que afectan a aquello que puede ser aceptado o no por la comunidad de acogida.

Según Brody (2003), la Cultura con C mayúscula aporta un concepto de cultura tradicional y elitista que incluye instituciones de carácter político, social y económico, las grandes figuras históricas, la literatura, las bellas artes y las ciencias (Brody, 2003, p. 39). Por el contrario, la cultura con c minúscula queda identificada por el estilo de vida de un grupo en particular, en concreto, por el tipo de vivienda, la vestimenta, la gastronomía, los utensilios, los medios de transporte y el comportamiento.

Peterson (2004) argumenta que la Cultura con C mayúscula comprende la cultura que se relaciona con la literatura, la geografía, las cuestiones políticas, la arquitectura, la música clásica, las normas de la sociedad, los valores centrales, los cimientos legales, la historia y los procesos cognitivos.

Por otro lado, la cultura con c minúscula incluye la cultura relacionada con temas como puntos de vista, preferencias o gustos, uso del espacio, gestos, posturas del cuerpo, comida, estilo al vestir, pasatiempos, música popular y cuestiones populares.

En la definición aportada por Swann et al. (2004) se centran en el concepto de cultura con c minúscula al mismo tiempo que aclaran que este no solo abarca lo que una comunidad *tiene*, sino también lo que la cultura *hace*.

> This broader meaning also incorporates a view of culture not just as something that people have but also as what they do; i.e. culture is seen as being actively reproduced, or perhaps challenged, in everyday activity. (p. 68)

La interpretación de la cultura como "verbo" fue introducida por el antropólogo Brian V. Street en 1993, proporcionando un papel más activo y dinámico al concepto.

Miquel (2004) define la cultura como "una visión del mundo, adquirida en parte junto con la lengua, que determina las creencias, presuposiciones y comportamientos lingüísticos y no lingüísticos de los hablantes" (Miquel, 2004, p. 515). En esta definición Miquel (2004) no solo se centra en el concepto de 'cultura con c minúscula', sino que contempla la parte no verbal de la comunicación humana.

Richards y Schmidt (2010), en la cuarta edición de la obra *Longman dictionary of language teaching and applied linguistics,* definen cultura como un conjunto de prácticas, códigos y valores que pertenecen a una nación o grupo concreto. Esto es, la suma de las obras literarias, el arte, la música, etc., con más prestigio de una nación o grupo. A esta definición habría que añadir la especificación que los autores llevan a cabo entre Cultura con C mayúscula, es decir, la literatura y las artes, y la cultura con c minúscula, por ejemplo, las actitudes, los valores, las creencias y los diferentes estilos de vida. Defienden que la dimensión cultural en el aprendizaje de una L2 es una parte esencial.

La autora de este estudio no pretende aportar una definición de 'cultura' debido a la complejidad del mismo, sino más bien indicar qué aspectos engloban los conceptos de 'Cultura con C mayúscula' y 'cultura con c minúscula'. Para ello, no se ha tenido en cuenta una única definición de dichos términos, sino que se han incluido aspectos procedentes de las identificaciones de Brody (2003), Peterson (2004) y Tomalin y Stempleski (1993). Por tanto, en este estudio, por un lado, el concepto de 'Cultura con C mayúscula' incluiría la historia, la geografía, la literatura, las bellas artes, la arquitectura, las instituciones de carácter político, las ciencias, los cimientos legales, las cuestiones políticas y la música. Por otro, la 'cultura con c minúscula' comprendería el tipo de vivienda, la vestimenta, la gastronomía, los medios de transporte, la música popular, los pasatiempos, las normas de la sociedad, el comportamiento, los gestos, las posturas del cuerpo, las creencias y las preferencias o gustos. Del mismo modo, la cultura con c minúscula en este trabajo también alberga el "hacer cultural" como parte no complementaria sino fundamental del mismo, siguiendo a Street (1993), que equipara 'cultura' a "verbo". En otras palabras, Street (1993) defiende que no resulta relevante preguntar qué es cultura, sino que propone centrarse en lo que la cultura hace como proceso activo y de creación de significados.

# Capítulo 2. El componente sociocultural en los documentos normativos para la enseñanza de L2

**Resumen:** En este capítulo se va a llevar a cabo una revisión de tres de los documentos normativos relacionados con la enseñanza y el aprendizaje del componente sociocultural en L2. Dichos documentos son el Marco Común Europeo de Referencia (MCER) (2001), el Plan Curricular del Instituto Cervantes (PCIC) (2006) y el Marco de Referencia para los Enfoques Plurales de las Lenguas y las Culturas (MAREP) (2013). El MCER (2001), primer documento normativo, se identifica como un proyecto de política lingüística elaborado por el Consejo de Europa que especifica, entre otros, los contenidos de la competencia sociocultural. Más tarde el PCIC (2006), con el fin de aportar sistematicidad a la enseñanza del español como L2, adapta las propuestas del MCER (2001). Por último, el MAREP (2013) aporta competencias y recursos para enfoques plurales de enseñanza de L2 en los que se tienen en cuenta diferentes culturas (C1 y C2). Los tres documentos presentan ciertas debilidades, por ejemplo, parten de una perspectiva esencialista además de no aportar una definición del concepto 'cultura'.

**Palabras clave:** nación, lengua, cultura, esencialismo, sistematicidad

## 1 Marco Común Europeo de Referencia (MCER)

El Marco Común Europeo de Referencia para las Lenguas: aprendizaje, enseñanza y evaluación (MCER) (2001)[5] es parte del proyecto general de política lingüística del Consejo de Europa. Este último ha trabajado en la unificación de directrices para la enseñanza y aprendizaje de L2 en Europa. Asimismo, es el resultado de más de diez años de trabajo realizado por especialistas en Lingüística aplicada. El proyecto está pensado para servir de punto de partida en la elaboración de programas de L2, de libros de

---

5 En 2017 el Consejo de Europa publica un volumen complementario al MCER de forma que pueda seguir desarrollando los descriptores ilustrativos del MCER y crear los que pertenecen a la mediación, quedando esta última reducida a la traducción y la interpretación. Consta de una introducción, dos capítulos y nueve apéndices. En este volumen se le ofrece al lector escalas ilustrativas de descriptores, así como fundamentos teóricos del aprendizaje, enseñanza y evaluación de L2.

texto, de exámenes y como orientación curricular en el marco europeo. El MCER explicita los objetivos, contenidos y la metodología para (a) conseguir comunicarse en una L2 de forma eficaz, (b) derribar las barreras entre los diferentes sistemas educativos europeos, (c) favorecer la comunicación entre los profesionales de L2, (d) reconocer titulaciones de distintos contextos de aprendizaje y (d) propiciar la movilidad dentro de Europa.

El MCER parte del concepto de competencia comunicativa intercultural[6] propuesto por Byram y otros (Byram, 1997, 2000; Byram y Fleming, 1998, etc.) y distingue entre *competencias generales* y *competencias comunicativas*. Las *competencias generales* la conforman (a) los *conocimientos declarativos (savoir)*, (b) las *destrezas y habilidades (savoir faire)*, (c) la *competencia existencial (saber être)* junto con (d) la *capacidad de aprender (saber apprendre)*[7].

Los *conocimientos declarativos (savoir)* provienen tanto de la experiencia (conocimientos empíricos) como del aprendizaje formal o académico. Estos se dividen en el MCER en el conocimiento del mundo, el conocimiento sociocultural y la consciencia intercultural. El conocimiento del mundo puede provenir de la experiencia, la educación o de diversas fuentes de información. Para los alumnos de L2 cobra especial relevancia el conocimiento factual del país o países en los que se habla la L2, esto es, las características geográficas, medioambientales, demográficas, económicas y políticas del mismo. En cuanto al conocimiento sociocultural, este conocimiento abarca la vida diaria, las condiciones de vida, las relaciones personales, los valores, las creencias y las actitudes, el lenguaje corporal, las convenciones sociales, y el comportamiento ritual. Con respecto a la consciencia intercultural, engloba, por un lado, el conocimiento objetivo, es decir, la diversidad regional y social tanto de la C1 como de la C2 junto con la consciencia más amplia que se nutre de otras culturas aparte de la C1

---

6    En el capítulo 3. *La enseñanza del componente sociocultural en L2,* se expondrán los puntos más relevantes del modelo propuesto por Byram y otros (Byram, 1997, 2000; Byram y Fleming, 1998, etc.), siendo especialmente relevante su obra titulada *Teaching and assessing intercultural communicative competence* (1997).

7    Estas son las traducciones que el Instituto Cervantes en 2002 aporta al documento del Consejo de Europa publicado en 2001, es decir, el MCER.

y la C2 y, por otro, la toma de consciencia de cómo otros miembros interpretan la comunidad adquiriendo esta la forma de estereotipos nacionales.

Las *destrezas y habilidades* (*savoir faire*) se subdividen en destrezas y habilidades prácticas, es decir, destrezas sociales, de la vida, profesionales, de ocio y en destrezas y habilidades interculturales. Estas últimas incluyen (a) la capacidad de establecer una relación entre la C1 y la C2, (b) la sensibilidad cultural y el uso de estrategias para contactar con personas de culturas diferentes a la C1, (c) la capacidad de ejercitar el papel de intermediario cultural entre la C1 y la C2 y hacer frente a los malentendidos interculturales y (d) la capacidad de superar relaciones estereotipadas.

La *competencia existencial* (*savoir être*) la comprenden las actitudes, entre ellas (a) el grado de apertura hacia otras culturas, (b) el deseo de relativizar la C1 y (c) el deseo y la capacidad de distanciarse de las convenciones con respecto a lo que es diferente desde un punto de vista cultural, así como las motivaciones, los valores, las creencias, los estilos cognitivos y los factores de personalidad. En el desarrollo de la personalidad intercultural no solo participan las actitudes, sino la toma de consciencia también.

Por último, la *capacidad de aprender* (*savoir apprendre*) consiste en observar, participar en nuevas experiencias e incorporar conocimientos a los que ya poseemos.

En lo referente a las *competencias comunicativas*, el MCER diferencia entre (a) las *competencias lingüísticas*, (b) la *competencia sociolingüística*, y (c) las *competencias pragmáticas*. Según el MCER, la mayor parte de la información que aparece en la competencia sociocultural es aplicable a la competencia sociolingüística, ya que la lengua es un fenómeno sociocultural. La competencia sociocultural consiste en lo siguiente (MCER, 2002, pp. 100–101[8]):

1. La vida diaria; por ejemplo:
   • Comida y bebida, horas de comidas, modales en la mesa.
   • Días festivos.
   • Horas y prácticas de trabajo.

---

8   Estas páginas proceden de la traducción al español del MCER (2001) que el Instituto Cervantes realiza en 2002.

- Actividades de ocio (aficiones, deportes, hábitos de lectura, medios de comunicación).
2. Las condiciones de vida; por ejemplo:
   - Niveles de vida (con variaciones regionales, sociales y culturales).
   - Condiciones de la vivienda.
   - Medidas y acuerdos de asistencia social.
3. Las relaciones personales (incluyendo relaciones de poder y solidaridad); por ejemplo:
   - Estructura social y las relaciones entre sus miembros.
   - Relaciones entre sexos.
   - Estructuras y relaciones familiares.
   - Relaciones entre generaciones.
   - Relaciones en situaciones de trabajo.
   - Relaciones con la autoridad, con la Administración...
   - Relaciones de raza y comunidad.
   - Relaciones entre grupos políticos y religiosos.
4. Los valores, las creencias y las actitudes respecto a factores como los siguientes:
   - Clase social.
   - Grupos profesionales (académicos, empresariales, de servicios públicos, de trabajadores cualificados y manuales).
   - Riqueza (ingresos y herencia).
   - Culturas regionales.
   - Seguridad.
   - Instituciones.
   - Tradición y cambio social.
   - Historia; sobre todo, personajes y acontecimientos representativos.
   - Minorías (étnicas y religiosas).
   - Identidad nacional.
   - Países, estados y pueblos extranjeros.
   - Política.
   - Artes (música, artes visuales, literatura, teatro, canciones y música populares).
   - Religión.
   - Humor.

5. El lenguaje corporal. El conocimiento de las convenciones que rigen dicho comportamiento forma parte de la competencia sociocultural del usuario o alumno.
6. Las convenciones sociales (por ejemplo, respecto a ofrecer y recibir hospitalidad), entre las que destacan las siguientes:
   • Puntualidad.
   • Regalos.
   • Vestidos.
   • Aperitivos, bebidas, comidas.
   • Convenciones y tabúes relativos al comportamiento y a las conversaciones.
   • Duración de la estancia.
   • Despedida.
7. El comportamiento ritual en áreas como las siguientes:
   • Ceremonias y prácticas religiosas.
   • Nacimiento, matrimonio y muerte.
   • Comportamiento del público y de los espectadores en representaciones y ceremonias públicas.
   • Celebraciones, festividades, bailes, discotecas, etc.

En el caso de la competencia sociolingüística, esta se centra en el uso de la lengua diferenciando entre lo siguiente (MCER, 2002, pp. 116–119[9]):

(a) los marcadores lingüísticos de las relaciones sociales (dependientes del estatus de la persona, de la cercanía en la relación, del registro del discurso, etc.) que difieren entre las lenguas y culturas como son los saludos, los tratamientos, los turnos de palabras, las interjecciones, etc.;
(b) las normas de cortesía, las cuales no solo cambian de una cultura a otra, sino que son el origen de una parte importante de malentendidos entre aquellos grupos que no las comparten;
(c) las expresiones de sabiduría popular (refranes, modismos, frases hechas con gancho, etc.) conforman una parte importante del aspecto lingüístico de la competencia sociocultural;

---

9 Estas páginas proceden de la traducción al español del MCER (2001) que el Instituto Cervantes realiza en 2002.

(d) las diferencias de registro según el grado de formalidad, por ejemplo, un registro formal, informal, neutral, familiar, íntimo, etc.;

(e) el dialecto y el acento procedentes de la clase social, región, nación, etnia y grupo profesional.

Según el MCER, la lengua es un medio de acceso a las manifestaciones culturales. Dentro de la competencia pluricultural[10] de un individuo, las distintas culturas que las componen no se añaden las unas a las otras, sino que interactúan entre ellas además de ser comparadas y contrastadas[11].

Tal y como se indicó al comienzo del capítulo, el MCER ha ejercido una influencia considerable en la concepción del componente sociocultural en la enseñanza de L2 y en los planes de estudio europeos. No obstante, contiene una serie de debilidades que se presentan a continuación.

Uno de los puntos de los que adolece el proyecto es la ausencia de una definición del concepto 'cultura' a lo largo de todo el documento. Se menciona la palabra "cultura" y a sus derivados a través de las siguientes expresiones (MCER, 2002): contexto cultural, enfoque intercultural, lengua y cultura (p. 1[12]), diversidad cultural (p. 3), identidad cultural (p. 5), competencia pluricultural (p. 6), consciencia sociocultural (p. 7), aculturación[13] (p. 12), interculturalidad (p. 47), consciencia intercultural (p. 55), conocimiento sociocultural (p. 100), competencia sociocultural (p. 101),

---

10  "Competencia pluricultural" es el término que el MCER emplea para referirse al conocimiento de más de una cultura, mientras en este estudio se ha optado por la expresión "competencia comunicativa intercultural" propuesta por Byram (1997).

11  Con el término "comparación" se hace referencia a las comparaciones de aquellos aspectos socioculturales que son iguales o similares en la C1 y la C2, mientras que el término "contraste" señala aquellas comparaciones en las que los aspectos socioculturales son diferentes en la C1 y la C2. Para una identificación más detallada de ambos términos, véase capítulo 4. *La presencia del componente sociocultural en libros de texto para la enseñanza de L2.*

12  Esta página y las que aparecen a continuación proceden de la traducción al español del MCER (2001) llevada a cabo por el Instituto Cervantes en 2002.

13  El término "acculturation" puede aparecer traducido como "aculturación" y "enculturación". En este trabajo se ha optado por la traducción "aculturación" proveniente de la traducción que el Instituto Cervantes hace del MCER en 2002.

competencia intercultural (p. 102), personalidad intercultural (p. 104), cultura nativa y cultura extranjera (p. 132), destrezas socioculturales (p. 139), destrezas interculturales (p. 143), componente intercultural (p. 147), componente sociocultural (p. 153), contenido sociocultural (p. 154), etc.

Dentro de los *conocimientos declarativos* (*savoir*), esto es, el conocimiento del mundo que responde a un modelo cognitivo que se adquiere a través de un proceso de aculturación (*acculturation*) y que está ligado estrechamente a la L1 del individuo, se enmarca el conocimiento sociocultural. Este último lo conforman a su vez siete grupos. La perspectiva que el MCER toma en la identificación del conocimiento sociocultural es eminentemente esencialista, ya que ignora la parte simbólica del mismo y, funcionalista, pues se da por hecho de que este conocimiento sociocultural se puede adquirir como si fueran reglas o normas bien delimitadas. El MCER señala que los usuarios del documento "pueden tener presente y, en su caso, determinar [...] qué nuevo conocimiento del mundo, sobre todo respecto al país en que se habla la lengua, tendría que adquirir el alumno" (MCER, 2002, p. 100). Por tanto, se identifica una lengua con una cultura y una nación. Asimismo, el MCER emplea el término "comunidad" como sinónimo de país en el que se habla la lengua, lo cual no siempre refleja con precisión la realidad cultural de un país, pues con frecuencia en un país existen diferentes comunidades. En el caso del español, el trinomio lengua-cultura-nación (país) da lugar a una visión de la cultura del mundo hispanohablante que resulta no solo insuficiente y simplificadora, sino también esencialista, homogénea y estática. Esta concepción de cultura está superada hoy en día, tal y como se expondrá en el capítulo 3. *La enseñanza del componente sociocultural en L2*, adoptándose un enfoque cultural no esencialista, heterogéneo y dinámico (Risager, 2008).

La ausencia de precisión en la identificación de los conceptos queda igualmente reflejada en la categoría número 4 del conocimiento sociocultural (valores, creencias y actitudes). Según el MCER, los valores, las creencias y las actitudes son características distintivas de culturas regionales (MCER, 2002, p. 101). En otras palabras, los valores, las creencias y las actitudes son delimitables y asociables a una región y cultura. Al igual que en la equiparación anterior, esto es, país= comunidad, la asociación de valores, creencias y actitudes a una región y cultura es un planteamiento erróneo, ya que pueden ser compartidos por otras culturas.

## 2  Plan Curricular del Instituto Cervantes (PCIC)

En 2006 el Instituto Cervantes publica el Plan Curricular del Instituto Cervantes (PCIC) que interpreta, acomoda y materializa las propuestas del MCER para la enseñanza del español como L2. En la introducción del PCIC, el Instituto Cervantes (2006)[14] indica: "el ejercicio de trasposición de estos descriptores generales a los materiales que proporcionan Niveles de referencia para el español requiere una interpretación muy fina del sentido y del alcance de cada uno de los enunciados de los descriptores y un laborioso trabajo de categorización, ajuste de niveles y desarrollo de las correspondientes especificaciones en los inventarios". Para facilitar la adaptación del MCER a los planes curriculares para cada lengua y cultura, el Consejo de Europa publicó en 2005 la *Guía para la elaboración de descripciones de niveles de referencia para las lenguas nacionales y regionales*. En este documento se determinan los rasgos comunes, los rasgos mínimos y los rasgos opcionales o deseables que deben estar presentes en las descripciones de los inventarios de las L2.

Entre los rasgos opcionales de dicha guía se encuentra la dimensión cultural que en el PCIC aparece en los siguientes apartados: (a) *Referentes culturales*, (b) *Saberes y Comportamientos socioculturales* y (c) *Habilidades y Actitudes interculturales*.

La dimensión cultural en estos tres inventarios abarca aspectos que a pesar de que no son íntegramente lingüísticos poseen un papel relevante en la L2 en la competencia intercultural[15]. Asimismo, el PCIC incluye no solo aspectos pertenecientes a las culturas de España, sino también a las de los países de Hispanoamérica.

Los contenidos pertenecientes a *Referentes culturales* se dividen en tres subapartados. El primer subapartado, *Conocimientos de los países hispanos*, corresponde a un conocimiento factual sobre aspectos relacionados con la geografía, la economía, la política y las cuestiones demográficas. El segundo, *Acontecimientos y protagonistas del pasado y del presente abarca* los hitos de la historia, la sociedad y cultura de los países hispanos junto con los personajes históricos y legendarios, así como las personalidades

---

14  Documento virtual.

15  El PCIC (2006) usa la expresión "competencia intercultural", sin embargo, en este trabajo se ha optado por la expresión "competencia comunicativa intercultural" siguiendo a Byram (1997).

del mundo hispano, en este último caso con proyección internacional. El tercer subapartado, *Productos y creaciones culturales*, abarca tendencias artísticas y culturales junto con autores y creaciones tanto de España como de Hispanoamérica.

Estos tres subapartados se subdividen a su vez en tres fases o estadios, es decir, la fase de aproximación, la de profundización y la de consolidación. El PCIC aclara que estas fases actúan a modo de gradación en la introducción de los contenidos. Los aspectos de mayor accesibilidad y universalidad se incluyen en la fase de aproximación, mientras que los menos accesibles y universales se hallan en la fase de consolidación.

Tal y como aclara el PCIC, en *Referentes culturales* no se incluyen todos y cada uno de aquellos aspectos pertenecientes a la cultura e historia de una sociedad ni tampoco se presentan de manera diacrónica. Los contenidos recogidos bajo el inventario de *Referentes culturales* no solo son de tipo factual, sino también pertenecientes a creencias, valores, representaciones y símbolos. Tanto las creencias como los valores guardan relación con los sentimientos que acarrean ciertos hechos históricos o culturales, mientras que las representaciones y símbolos provienen de las asociaciones atribuidas a los hechos y productos culturales.

Los aspectos que se engloban dentro de *Saberes y Comportamientos socioculturales* se refieren al modo de vida, las cuestiones cotidianas y de identidad colectiva, la organización de la sociedad y las relaciones interpersonales, entre otros. A diferencia del inventario de *Referentes culturales*, los contenidos de *Saberes y Comportamientos* se centran únicamente en España dejando a un lado a Hispanoamérica. Según el PCIC, la ausencia de Hispanoamérica se debe no solo a la dificultad de reflejar aquellos aspectos que forman parte de la cotidianeidad, las costumbres, el estilo de vida de las comunidades que conforman Hispanoamérica, sino también a la complejidad que entabla plasmar la diversidad de matices de las comunidades/países de Hispanoamérica. De acuerdo con el PCIC, los *Saberes* constituyen conocimiento declarativo del tipo qué es, cuándo, cómo, dónde, etc., junto con las descripciones de la vida cotidiana de una sociedad. Estos *Saberes y Comportamientos*, al igual que en el caso de los *Referentes culturales*, llevan consigo una serie de creencias y valores, relacionados estos con las convicciones, estereotipos y prejuicios y sentimientos manifestados por los miembros de una sociedad. Dentro de los *Comportamientos,* las convenciones sociales determinan la relación del contenido y las interacciones. Tanto los *Saberes* como los *Comportamientos* son esenciales para que tenga lugar la comunicación. Los contenidos del inventario de *Saberes y Comportamientos* se dividen en tres subapartados, esto es, (a) *Condiciones de vida y Organización social*, (b) *Relaciones interpersonales* y (c) *Identidad colectiva y Estilo de vida*. El primero incluye contenidos relacionados con la vida cotidiana, por ejemplo, la identificación del individuo, la familia, las festividades, las comidas, las bebidas, la educación, la cultura, el trabajo, la economía, etc. Las relaciones interpersonales abarcan las relaciones sentimentales de familiares y de amistad y las del ámbito profesional. La identidad colectiva y estilo de vida incluyen contenidos en relación con la configuración de la identidad colectiva (participación ciudadana en la política y el ámbito social, minorías étnicas, tradiciones populares y ritos religiosos, integración de culturas extranjeras, fiestas populares, etc.).

La selección y presentación de los contenidos de *Saberes y Comportamientos* presenta una estructura paralela al inventario de nociones específicas. Se organiza al igual que en el apartado de *Referentes culturales* entorno a tres fases (aproximación, profundización y consolidación). Estas fases no se corresponden con los niveles de dificultad sino con lo necesario que resulten para establecer contactos e interacciones entre el alumnado. Así pues, en la fase de aproximación se introducen contenidos relacionados con la cotidianeidad del usuario de la L2, mientras que en la fase de consolidación se tratan aquellos que versan en torno a los choques culturales, malentendidos y aspectos de interés profesional.

En el inventario de *Habilidades y Actitudes* aparece una serie de procedimientos que ayudan al alumno a entrar en contacto con otras culturas, en especial las de España e Hispanoamérica (países hispanos) desde un punto de vista intercultural. No obstante, habría que aclarar que en esta sección se describen las *Habilidades y Actitudes* interculturales de forma general, sin el anclaje a un espacio cultural determinado. Para el desarrollo de la competencia intercultural se necesita una serie de conocimientos, habilidades y actitudes que prepararán al alumno para lo siguiente: (a) observar e interpretar cuestiones (socio)culturales que pertenecen a la C2 dejando a un lado visiones estereotipadas y (b) actuar como intermediario intercultural entre individuos pertenecientes a diferentes C1, ayudando a superar los malentendidos y evitar los posibles conflictos que surjan a raíz de las diferencias entre la C1 y la C2.

Por tanto, en el desarrollo de la competencia intercultural el individuo podrá (a) integrar conocimientos de España e Hispanoamérica; (b) desarrollar la consciencia intercultural, esto es, el conocimiento de las diferencias y las semejanzas entre la C1 y las culturas de España e Hispanoamérica; (c) actuar como intermediario cultural entre individuos pertenecientes a diferentes C1 y evitar los posibles conflictos que surjan a raíz de las diferencias entre la C1 y la C2; (d) desarrollar actitudes de empatía y de apertura hacia la C2 y (e) aumentar los conocimientos, las destrezas y las actitudes a través de las experiencias culturales.

El inventario de *Habilidades y Actitudes interculturales*, a diferencia de los dos anteriores, esto es, *Referentes culturales* y *Saberes y Comportamientos socioculturales,* lo constituye una única lista sin hacer una diferenciación entre las distintas fases. En este inventario aparecen cuestiones de carácter intercultural y se organiza atendiendo a cuatro áreas: (a) *Configuración de una identidad cultural plural,* (b) *Procesamiento y Asimilación de los saberes culturales* (comportamientos socioculturales y referentes culturales), (c) *Interacción cultural* y (d) *Mediación cultural.*

Por medio de la primera, *Configuración de una identidad cultural,* (i) se comparan y se contrastan la C1 y la C2, (ii) se analizan estereotipos y sus posibles causas de forma que se puedan eliminar perspectivas etnocéntricas, (iii) se tiene en cuenta lo que la C2 puede aportar al aprendiz y a la C1, (iv) se mantienen los aspectos culturales de la C1 que ayuden al carácter idiosincrásico del aprendiz y se adoptan parte de los de la C2 y (v) se considera que el conflicto cultural es parte de la comunicación intercultural.

La segunda área, *Procesamiento y Asimilación de saberes culturales,* con respecto a las habilidades, consiste en observar aspectos socioculturales de la C2 además de formular hipótesis de los mismos y contrastarlos con los de la C1 y averiguar los motivos que subyacen en los comportamientos durante los intercambios interculturales. Por otro lado, se indican los procedimientos, esto es, las actitudes, para que el aprendiz adquiera empatía, sensibilidad, flexibilidad, etc., hacia la C2.

En cuanto a la tercera área, *Interacción cultural,* se incluye la planificación del intercambio cultural, el contacto con las personas, hechos o productos y las acciones emprendidas: poner al día, evaluar, repasar o adaptar conocimientos declarativos, destrezas y actitudes.

En la cuarta área, *la Mediación cultural*, se realizan tareas de manera que el aprendiz pueda negociar significados, interpretar hechos y productos correctamente, o acabar con los malentendidos y conflictos interculturales.

Según Robles Ávila e Ítaca Palmer (2020), el PIC a través de los tres inventarios contiene una perspectiva del componente sociocultural basada, principalmente, en un conocimiento enciclopédico, además del desarrollo de destrezas y habilidades para que el aprendiz compare y contraste la C1 y la C2. De acuerdo con estos autores, el establecer relaciones entre ambas culturas conlleva una limitación que se ve reflejada en el concepto de 'hablante intercultural', pues no contempla el pluriculturalismo. Estas cuatro áreas de forma progresiva van poniendo en contacto la C2 con la C1 sin llegar a la dimensión pluricultural.

El PCIC hace frente a la ardua tarea de aportar sistematicidad a la enseñanza de la cultura en el español como L2. Pone de manifiesto, al igual que el MCER, que aclarar la noción de 'cultura' no es una labor simple. Prueba de ello, el documento no define de forma explícita el concepto de 'cultura' sino que se parte de una concepción implícita del mismo. Su visión cultural se considera bastante limitada, pues (a) mayoritariamente se centra en conocimientos socioculturales de tipo enciclopédico junto con el desarrollo de destrezas y habilidades; (b) trata la cultura como una serie de productos y prácticas para la comunicación, ignorando las perspectivas[16] y (c) se parte de una concepción estática, funcional y esencialista de la cultura, al igual que el documento predecesor, el MCER, en el que no se tiene en cuenta el simbolismo de la cultura y se asume que el conocimiento del componente sociocultural se adquiere como si consistiera en reglas bien definidas.

## 3  Marco de Referencia para los Enfoques Plurales (MAREP) de las Lenguas y de las Culturas (MAREP)

El Marco de Referencia para los Enfoques Plurales de las Lenguas y de las Culturas (MAREP) (2013)[17] tiene como propósito poner a disposición de

---

16  Véase definición de Moran (2001) en el capítulo 1. *Cultura.*

17  En este estudio se ha tenido en cuenta la edición del MAREP de 2013 por ser una de las más recientes.

(a) personas responsables de la elaboración de currículos o de programas escolares, (b) diseñadores de materiales didácticos, tanto en el ámbito de la educación pública como privada, c) profesores de L2 y (d) formadores de profesores, una serie de instrumentos entre los que figura el referencial de competencias y recursos a través de una representación sistemática y jerarquizada de las competencias y de los recursos que los enfoques plurales pueden contener.

Por enfoques plurales de las lenguas y de las culturas se refiere a los enfoques de la didáctica de lenguas en las que se implican diversas variedades lingüísticas y culturales en oposición a los enfoques singulares, que se centran en una lengua o una cultura. Los enfoques singulares formaban parte de metodologías estructurales o de los enfoques comunicativos en los que no se permitía la traducción o comparación con la L1 o C1 del alumno, respectivamente. Entre los enfoques plurales uno de los que ha ejercido mayor influencia es el enfoque intercultural[18] con diferentes variantes por medio de las cuales se trata de conocer una cultura para poder llegar a conocer otra.

El MAREP argumenta que existe la necesidad de un marco de referencia para enfoques plurales y que la ausencia de un referencial suponía una desventaja en la enseñanza y el aprendizaje de L2 y C2. Este referencial resulta una herramienta indispensable, en especial para relacionar los enfoques plurales con el aprendizaje de competencias lingüísticas y para las posibles relaciones que se puedan establecer entre los enfoques plurales y las disciplinas no lingüísticas.

El referencial contiene competencias[19] y recursos. De acuerdo con el MAREP, las competencias equivalen a unidades complejas, involucran al individuo y están relacionadas con el contexto en el que se sitúan. No se

---

18  Hay que aclarar que al "enfoque intercultural" también se le ha identificado como "paradigma intercultural", tal y como aparece en el capítulo 3. *La enseñanza del componente sociocultural en L2.*

19  En la edición del MAREP de 2008 se distingue entre competencia y microcompetencia, siendo esta última el nivel intermedio entre las competencias y los recursos. En la edición de 2013 se prescinde de este nivel intermedio por considerarse poco esclarecedor. La continuidad entre competencias y recursos parece estar presente en el referencial ya que va desde los recursos más específicos a las competencias más globales.

pueden describir independientemente de las tareas y de las situaciones con las que se relacionan. Asimismo, las competencias conllevan recursos para cada tarea y situación y que son independientes de las tareas y situaciones. Los recursos que conllevan las competencias se pueden descontextualizar y especificar en una lista y, por tanto, se pueden incluir en la enseñanza y el aprendizaje de L2. En otras palabras, la enseñanza y el aprendizaje de L2 desarrollaría las competencias por medio de los recursos.

El referencial, igualmente, diferencia entre recursos internos, que contienen saberes (conocimientos), saber hacer y saber ser, y recursos externos, por ejemplo, los diccionarios. Son precisamente los recursos los que se convierten en candidatos para la enseñanza por medio de situaciones y tareas.

Las competencias quedan representadas a través de un cuadro con las listas de descriptivos referentes a los saberes, los saber ser y los saber hacer. Los saberes a su vez se subdividen en lengua y cultura. Los saber ser se apoyan en los factores personales relacionados con las actitudes, motivaciones, valores, identidad, etc. Los saber hacer se centran en saber observar/analizar, saber comparar, saber hablar a propósito de las lenguas y culturas, etc. La lista de los saber hacer comienza con saberes relacionados con la observación y reflexión que va más allá de la lingüística para terminar con saberes/acciones que dependen de la situación comunicativa, por ejemplo, saber interactuar.

Según Corti (2019), el MAREP, al igual que sus predecesores, esto es, el MCER y el PIC, adolece de ciertas carencias, por ejemplo, (a) no queda claro si los descriptores de los recursos plasman normas que actúan como condicionantes en la relación lengua y cultura (nivel normativo) o describen reglas de la comunicación, (b) en un intento de integrar lengua y cultura, el vocabulario de las competencias resulta indeterminado además de ofrecer una perspectiva cultural esencialista y escasa con respecto a las explicaciones ofrecidas y (c) en el descriptor (s.3.10.4) "saber comparar diferentes prácticas culturales" (MAREP, 2013, p. 55), el adjetivo cultural resulta redundante, pues según Corti (2019), una cultura contempla prácticas específicas referidas a una comunidad.

# Capítulo 3.   La enseñanza del componente sociocultural en L2

**Resumen:** En este capítulo se realiza un recorrido por la presencia del componente sociocultural desde los métodos más tradicionales hasta aquellos enfoques presentes en el s. XXI. La mayoría de los métodos y enfoques tienen como denominador común el hecho de que la enseñanza del componente sociocultural es secundaria y está supeditada a las cuestiones formales. Asimismo, se describen tendencias en la enseñanza de este componente divididas en tres periodos, esto es, desde la segunda mitad del s. XX hasta la década de 1990, la última década del s. XX y, por último, el periodo que comienza con el nuevo milenio. Los dos primeros periodos se caracterizan por una concepción nacionalista de la cultura mientras que el último queda representado por una perspectiva transnacional. El capítulo termina con una descripción detallada de los supuestos que forman parte del paradigma de la competencia sociocultural y del paradigma de la competencia intercultural junto con la presentación de tres de los marcos teóricos-descriptivos más relevantes en el intento de aportar fundamentación y sistematización al estudio del componente sociocultural en la enseñanza de L2.

**Palabras clave:** homogeneidad, relatividad, multiplicidad, heterogeneidad, terceridad, comunidad de discurso

Tal y como ha demostrado la investigación, la enseñanza del componente sociocultural es una parte esencial en el aprendizaje de L2. Entre las ventajas que ofrece la enseñanza explícita del componente sociocultural en una L2 cabe destacar las siguientes (Heusinkveld, 1985; Morgan, 1993; Webber, 1987): (a) ayuda a motivar al alumnado, (b) fomenta la sensibilidad cultural y (c) favorece la creación de actitudes positivas de forma que el alumnado pueda deshacerse de comportamientos estereotipados.

A pesar de las ventajas que la enseñanza explícita del componente sociocultural puede aportar al aprendizaje de L2, los resultados de diversos estudios indican que la enseñanza de este componente en una L2 no se lleva a cabo de forma sistemática, fundamentada y de manera que el alumno participe activamente en dicho aprendizaje (Atkinson, 1999; Baker, 2012; Byram y Feng, 2004; Byram y Morgan, 1994; Chastain, 1988; Holliday, 1996; Morgan, 1993; Omaggio Hadley, 1993). El componente sociocultural ha quedado relegado a un segundo plano debido al énfasis que se le ha dado al conocimiento formal de reglas gramaticales y del léxico además de las destrezas. La enseñanza de este componente carece de una visión crítica, no esencialista y estereotipada.

## 1 El componente sociocultural en los métodos y enfoques de enseñanza de L2

A lo largo de los años el papel del componente sociocultural en los diferentes métodos y enfoques ha ido cambiando como parte de las exigencias impuestas por la sociedad a la enseñanza de L2. Stern (1983) afirma que la enseñanza de L2 ha perseguido tres objetivos principales que se han enfatizado en diferentes momentos en mayor o menor grado: (a) social como medio de comunicación; (b) artístico-literario, el cual considera la lengua como vehículo para la creación y la apreciación artística y (c) filosófico a través del análisis lingüístico.

A continuación, se describe la presencia del componente sociocultural en la enseñanza de L2 teniendo en cuenta los diferentes métodos y enfoques.

En el caso del *método de gramática y traducción*, Long-Fu (2001) afirma que a través de la comparación de la L1 y la L2 por medio de la traducción se está reconociendo de forma implícita la relación existente entre lengua y cultura. En este método la cultura consiste en la Cultura con C mayúscula, es decir, la literatura y las bellas artes, y el lenguaje literario se considera superior a la lengua hablada (Larsen-Freeman, 2000). Sin embargo, el método ha recibido críticas en especial en lo concerniente a la falta de atención prestada a los intercambios comunicativos orales y auténticos y al desarrollo de la consciencia intercultural (Omaggio Hadley, 1993; Rivers, 1968).

A lo largo del s. XIX la Revolución Industrial acarreó numerosos cambios sociales y tecnológicos, por ejemplo, la llegada de ciertos medios de transporte y locomoción como fue el tren, lo cual facilitó no solo los desplazamientos del campo a la ciudad, sino también entre distintos núcleos urbanos para la realización de negocios. Esta nueva realidad hace que la enseñanza de L2 tenga un objetivo social, esto es, la comunicación en L2. En estas nuevas circunstancias socioeconómicas surge el *método directo*, defendido por educadores como Berlitz y Jespersen y cuyo objetivo principal se centra en transmitir el significado en la L2 directamente sin tener que traducir a la L1. Para ello, se hace uso de objetos reales, dibujos o demostraciones (Diller, 1971). En este método, la enseñanza del componente sociocultural contiene la historia y la geografía de los pueblos en los que se habla la L2, además de información sociocultural sobre la vida diaria de sus gentes (Larsen-Freeman, 2000). El método introduce contenidos socioculturales de la cultura con c minúscula para pasar a los contenidos socioculturales de la Cultura con C mayúscula en los niveles más avanzados de la L2 (Long-Fu, 2000). Hace uso de dibujos que contienen una carga cultural considerable y que están relacionados con situaciones cotidianas en la C2 (Omaggio Hadley, 1993; Rivers, 1968). No obstante, tal y como apunta Long-Fu (2000), la falta de una base teórica bien definida desde un punto de vista sociolingüístico y sociocultural hizo que bajo este método la enseñanza del componente sociocultural se caracterizara por ser secundaria y estar subordinada a la enseñanza de aspectos formales.

El *método audiolingual* se desarrolló en EE.UU. durante la Segunda Guerra Mundial debido a la necesidad existente de aprender L2 de forma rápida por cuestiones militares. Por tanto, el propósito principal de aprender una L2 es aprender cómo usar la lengua para comunicarse. A parte de introducir formas lingüísticas en los llamados "drills", es decir, prácticas a través de la repetición, transformación, sustitución, preguntas y respuestas, etc., la información sociocultural se contextualiza en los diálogos o se presenta directamente a través del profesor, comparando la información relativa a la vida diaria de la C1 con la de la C2 (Grittner, 1990). El método enfatiza la cultura con c minúscula, especialmente en los primeros estadios del proceso de aprendizaje. Al igual que en el *método directo*, en el caso del *método audiolingual*, los aspectos socioculturales quedan subordinados a las formas lingüísticas (Long-Fu, 2001; Stern, 1983).

A partir de la década de 1960, la psicología cognitiva y la lingüística transformacional-generativa empezó a cuestionar la enseñanza de L2 por medio de la formación de hábitos debido, entre otras cuestiones, a la capacidad de entender y producir por parte del aprendiz muestras de L2 que son únicas. En otras palabras, el aprendizaje de una L2 es un proceso de cognición o de pensamiento para descubrir las reglas de la lengua que aprenden. La corriente cognitiva influye en el *método de la vía silenciosa* propuesto por Caleb Categno (1972), tal y como se refleja en la tolerancia de errores en la L2 como un paso más para seguir avanzando en el proceso de aprendizaje. Este método considera la lengua y la cultura inseparables. La lengua refleja la vida diaria, el arte, la literatura, etc., de la C2 (Larsen-Freeman, 2000).

La *sugestopedia* es un método creado por el psicoterapeuta búlgaro Georgi Lozanov. Al igual que en el caso del *método de la vía silenciosa*, se parte de la idea de que una lengua se puede aprender más rápidamente si se derriban las barreras psicológicas. Estas barreras o delimitaciones se pueden derruir a través de la sugestopedia, es decir, aplicar la sugestión a la pedagogía. La introducción de la L2 en un ambiente relajado y confortable para transmitir la idea de que el aprendizaje de una L2 no tiene por qué convertirse en un proceso complicado, alentando al alumno a sentirse seguro en clase, son algunas de las técnicas aplicadas por este método. La enseñanza del componente sociocultural no solo consiste en aspectos sobre la vida diaria de la C2, sino también de las bellas artes (Larsen-Freeman, 2000).

El *método de aprendizaje de la lengua en comunidad* toma los principios del enfoque propuesto por Curran (1976), esto es, el profesor se convierte en un facilitador del aprendizaje de la L2, alguien quien comprende la lucha a la que el aprendiz tiene que hacer frente al interiorizar otra lengua. El profesor es responsable de crear un ambiente emocional seguro para combatir la ansiedad y los miedos de los estudiantes. El aprendizaje de la L2 se concibe para la comunicación. Conocer la C2 es esencial para tener éxito en la comunicación. El componente sociocultural, que contempla el estilo de vida, el arte, la literatura, las costumbres y los hábitos que forman parte de la C2, está integrado en la lengua.

El *enfoque comunicativo* se centra en la enseñanza de usos lingüísticos pertenecientes al mundo real en una variedad de situaciones socioculturales. Este enfoque parte de la idea de que tanto la sociedad como la economía, la cultura y las personas que usan la L2 influyen en esta última. Según Canale y Swain (1980), la competencia comunicativa está integrada por la competencia lingüística, la competencia discursiva, la competencia sociolingüística y la competencia estratégica. Byram (1997) critica el hecho de que este enfoque defina en parte el concepto de 'competencia comunicativa' por medio de las normas sociolingüísticas de una comunidad determinada o se base en un modelo de hablante nativo, lo cual hace que la identificación de dicho concepto carezca de una visión real en la enseñanza y el aprendizaje de L2, tal y como se demostrará en el Apartado 3.2.

El *aprendizaje cooperativo de la lengua* defiende un aprendizaje de la L2 basado en fortalecer la unión entre distintos miembros que conforman un grupo, procurar que las identidades individuales queden bien definidas y promover un mayor sentido de pertenencia a la comunidad (Murphy y Asaoka, 2006). Para ello, invita al aprendiz de una L2 a que continúe con el aprendizaje cooperativo más allá del contexto de aula/escuela dentro de la comunidad en la que la L2 actúa como lengua oficial y/o vehicular.

En la *instrucción de la L2 basada en contenidos* el aprendizaje de la L2 implica aprender sobre la C1. Ambas culturas, la C1 y la C2, y el vocabulario específico para describir aspectos socioculturales se convierten en dos elementos importantes en este enfoque. Según Met (1991), el contenido debe ser no solo atractivo, sino también debe resultar exigente para el alumno y que pueda cubrir contenido que vaya más allá de la L2 o la C2. El componente sociocultural es un pilar que se puede introducir a través de libros de referencia, periódicos, revistas, audios, vídeos o incluso a través de personas que representan contenido tanto sociocultural como relacionado con hechos sobre un país en cuestión. El profesor puede pedir a los alumnos que se organicen en grupos pequeños para que puedan llevar a cabo tareas de investigación para luego presentar los contenidos en clase. Asimismo, se ponen en práctica debates, juegos de roles, estudios de casos, etc., de manera que los alumnos puedan dar su opinión y meterse en la piel del extranjero.

Por último, en el *enfoque de la enseñanza basada en tareas* se hace uso de materiales reales para realizar tareas concretas, por ejemplo, a través de productos culturales, como pueden ser tarjetas postales, fotografías, *tickets* de autobús, sellos, etc. En la tarea desarrollada por Tomalin y Stempleski (1993) llamada "culture composition", que tiene como propósito principal el desarrollo de las destrezas de escribir y hablar, así como el reconocimiento de artefactos culturales, el profesor distribuye entre los alumnos, divididos en grupos de dos o tres, objetos reales de los que haya podido hacerse a través de viajes (por ejemplo, billetes de avión, dinero, fotografías, etc.). Los alumnos tienen que crear una historia con dichos objetos para luego presentarla en clase. Finalmente, cada alumno debe escribir su versión individual de la historia presentada por su grupo. En este tipo de tareas, los alumnos no solo trabajan en grupos, sino que interpretan la información dentro del contexto de la C2 y la comparan con el de la C1.

## 2  Tendencias en la enseñanza del componente sociocultural de L2

De acuerdo con Risager (2011), es difícil identificar una tendencia definida en la enseñanza del componente sociocultural debido al carácter interdisciplinar del mismo, las distintas corrientes educativas, y las influencias sociales y geopolíticas a las que está expuesto. La autora identifica tres periodos que se describen a continuación.

En el primer periodo, que se extiende desde 1950 hasta comienzos de la década de 1990, la cultura se percibe desde un punto de vista tradicional y elitista, coincidiendo con el concepto de 'Cultura con C mayúscula' y queda representada por una cultura nacional. La enseñanza de la cultura se entiende como parte de un proceso de aculturación gracias al cual el alumno está inmerso en la C2.

El segundo periodo comprende la última década del s. XX. Queda caracterizado por un claro énfasis en la cultura con c minúscula. Se acepta la asociación entre lengua y cultura como una parte fundamental en el éxito de la adquisición de la L2 (Kramsch, 1993; 1998a). En esta década Byram y otros (Byram, 1997, 2000; Byram y Fleming, 1998, etc.) desarrollan el modelo de competencia comunicativa intercultural en el que la consciencia cultural (Byram, 1997) juega un papel fundamental. Por medio de la consciencia cultural el aprendiz es capaz de efectuar una evaluación crítica sobre las perspectivas, las prácticas y los productos existentes tanto en la C1 como en la C2 (Byram, 1997, p. 101).

El último periodo comienza con la llegada del nuevo milenio. La cultura pasa de una concepción nacionalista a una transnacional (Risager, 2011, p. 485). En un mundo cada vez más globalizado en el que el uso consolidado de lenguas francas, por ejemplo, el inglés, y el uso creciente de ciertas lenguas como L2 (L2-LE o L2-SL) o como lengua franca, como es el caso del español, la enseñanza de la cultura no se limita a aquellos países en los que el español es la lengua nativa, sino que apuesta por adoptar un enfoque sociocultural no esencialista, dinámico y heterogéneo. En este caso, el concepto de 'consciencia cultural' proveniente de la década de 1990 se sustituye por el de 'consciencia intercultural', por medio del cual la C1 se compara y se contrasta con otras C2. Se propone el concepto de 'ciudadano intercultural' (Byram, 2008, p. 157; 2011, pp. 11–12), gracias al cual los

aprendices de L2 se convierten en ciudadanos interculturales. Estos ciudadanos interculturales adquieren el conocimiento y las destrezas para saber
actuar en una comunidad multicultural e internacional que está compuesta
por más de un conjunto de comportamientos, valores y creencias. Es en este
contexto intercultural en el que Holliday (1999) critica las limitaciones de
un enfoque sociocultural basado en diferencias culturales a niveles internacional y nacional como parte de una sociedad poscolonial, identificándolo
como 'macrocultura' (Holliday, 1999, pp. 237–238). En cambio, propone
el concepto de 'microcultura' para referirse a cualquier agrupación social
que tenga cohesión y poder, así, liberar la cultura de sobregeneralizacio-
nes provenientes de docentes y alumnos de L2 y de la sociedad en general
(Holliday, 1999, pp. 237–238). A modo de ejemplo, cabría indicar que
en la enseñanza del componente sociocultural a los aprendices de español como L2 no solo se les debería introducir entidades como el mundo
hispanohablante, América Latina (macrocultura), sino también hacerlos
conocedores de aquellas prácticas sociolingüísticas que tienen lugar en una
familia hispanohablante (microcultura). En la pedagogía de L2 se acepta
la dualidad micro- y macrocultura, no obstante, hay que aclarar que no
existe un acuerdo unánime sobre cuándo y cómo enseñar ambas. La realidad indica que los ejemplos de microcultura resultan de mayor interés al
alumnado adulto joven en comparación con aspectos socioculturales que
representan grandes entidades y que no le atraen a este tipo de alumnado.

## 3 Paradigmas y marcos teóricos-descriptivos en la enseñanza del componente sociocultural de L2

A continuación, se expondrán los supuestos más relevantes del paradigma[20] de la competencia sociocultural y el de la competencia intercultural para finalizar esta sección con los puntos fundamentales de los marcos
teóricos-descriptivos planteados por tres de los autores más relevantes en

---

20 En este apartado el término "paradigma" se ha usado en sentido amplio para
   referirse a supuestos que sirven de orientación o perspectiva mientras que la
   expresión "marco teórico-descriptivo" se emplearía para indicar propuestas
   concretas por autores específicos.

la enseñanza y el aprendizaje del componente sociocultural en L2, esto es, Michael Byram, Claire Kramsch y Karen Risager en el s. XX y en el actual.

## 3.1 Del paradigma de la competencia sociocultural al paradigma de la competencia intercultural

Tal y como se ha expuesto anteriormente, a lo largo de los años, se ha pasado de la exclusión de la cultura en la enseñanza de L2 a su inclusión de forma anecdótica o muy somera, quedando en este caso bajo la hegemonía de la lengua, a asociarla hoy en día a la lengua y resaltar así el enorme papel que la cultura juega en la enseñanza y el aprendizaje de L2 (Kramsch, 1993; Miquel, 2004).

El paradigma de la competencia sociocultural parte de una concepción esencialista de la cultura y se centra en la hipótesis de la uniformidad, es decir, no contempla variación con respecto a la lengua y la cultura entre los miembros de una misma comunidad. Dicha uniformidad se caracteriza por el etnocentrismo, en concreto, posee un marcado carácter eurocéntrico, pues la hipótesis de la uniformidad responde a la sociolingüística y a la cultura lingüística de los países europeos o países de Europa occidental.

El etnocentrismo derivado de esta hipótesis trata los espacios territoriales como estados-nación, que a su vez quedan definidos por la homogeneidad lingüística y cultural. Esta situación no refleja la realidad de aquellos estados en los que prevalece el hibridismo cultural y el multilingüismo (Ricento, 2005, p. 896). La variación lingüística dentro de una misma comunidad de hablantes de una lengua se trata como un problema que se intenta solventar a través del favorecimiento de una variedad estándar. Dentro del contexto europeo la adopción de una variedad estándar se traduce en una imposición hegemónica e imperialista que ejercería con respecto a otras variedades (cf. Canagarajah, 1999; Pennycook, 1994; Phillipson, 1992). Del mismo modo, la orientación monolingüe y monocultural del paradigma de la competencia sociocultural conlleva un centrismo lingüístico y cultural que sitúa al hablante nativo de una lengua en un plano privilegiado, mientras que el aprendiz de la L2 queda relegado a una situación de dependencia. Por tanto, el aprendiz debe entablar un proceso de imitación y no de apropiación de la L2 y la C2. Es el aprendiz quien debe adoptar los aspectos socioculturales de la C2. Dentro de esta orientación se ignora la influencia tanto de la L1 como de la C1.

Por el contrario, el paradigma de la competencia intercultural parte de una concepción no esencialista de la cultura para tener en cuenta el simbolismo que hay en ella. Asimismo, se basa en la hipótesis de la heterogeneidad, esto es, la fragmentación, también llamada variabilidad, es inherente a lenguas y culturas. Entre miembros de una misma comunidad existen coincidencias parciales tanto en lo lingüístico como en lo cultural. La variabilidad en las lenguas y las culturas aporta dinamicidad al paradigma de la competencia intercultural, mientras que el paradigma de la competencia sociocultural queda caracterizado por su estatismo. La variación dentro una lengua se interpreta como una adaptación a nuevos escenarios a través de un proceso de aculturación (Kachru, 2005; Schneider, 2003). Según el paradigma de la interculturalidad, el aprendiz de una L2 entabla un proceso de apropiación de la L2 y la C2, el cual, y al contrario que en el caso de la competencia sociocultural, le supone al aprendiz una liberación sociolingüística, pues no tendría que imitar al nativo de la L2 y la C2 (Cook, 1995; Pennycook, 2002; Ricento, 2002).

Asimismo, el paradigma de la competencia intercultural no contempla fronteras claramente definidas, de ahí que descarte el concepto de estadonación asociado a una lengua y a una cultura. Especialmente relevante resulta esta característica en la globalización actual por medio de la cual habitantes de distintos países y/o continentes pueden compartir fragmentos de la misma cultura, ya sean prácticas religiosas, sociales, políticas, etc. Del mismo modo, el paradigma de la competencia intercultural considera el uso de lenguas francas, sirva de ejemplo el caso consolidado del inglés y el de más reciente expansión como es el del español. Hoy en día son cada vez más numerosos los intercambios comunicativos en los que hablantes de diferentes culturas se comunican a través de una lengua que no se asocia a ninguna de sus culturas.

Finalmente, desde un punto de vista pedagógico, el paradigma de la interculturalidad no hace hincapié en la transmisión de contenidos, como sería el caso del paradigma de la competencia sociocultural, sino en el desarrollo de actitudes (Ambadiang y García-Parejo, 2006), por ejemplo, la apertura cultural, la evitación de estereotipos y actitudes etnocéntricas, la preparación para establecer contactos interculturales, etc. Este énfasis en las actitudes del aprendiz adquiriría un matiz moral, lo que para Abdallah-Pretceille (1999) pasaría a estar relacionado con la ética de la alteridad, y facilitaría la comunicación con el otro. Esto último resulta de gran importancia en los contextos de diversidad lingüística y cultural.

## 3.2 Marco teórico-descriptivo de Michael Byram

Para analizar la propuesta de Byram se tendrán en cuenta dos de sus obras más relevantes, esto es, *Cultural studies in foreign language education* (Byram, 1989) y *Teaching and assessing intercultural communicative competence* (Byram, 1997).

En el título de la obra *Cultural studies in foreign language education* (1989) se refleja la voluntad de fundamentar y sistematizar el estudio del componente sociocultural en la enseñanza de L2. Byram (1989, p. 2) parte del hecho de que en la enseñanza y el aprendizaje de L2 está presente la cultura de la L2, es decir, la C2. Critica que esta quede a expensas de la intuición del docente. Según Byram (1989), existe una falta de fundamentación de las teorías implícitas que subyacen en la enseñanza de C2.

El autor usa la expresión "cultural studies" para hacer referencia a la C2, es decir, "any information, knowledge or attitudes about the foreign culture which is evident during the language teaching" (Byram, 1989, p. 3). En trabajos posteriores deja a un lado el término "cultural studies", por ser un término que puede llevar a confusión, pues también se emplea para referirse a un área de estudios multidisciplinar.

El modelo de Byram parte de cinco premisas. La primera premisa se asienta en el hecho de que la lengua y la cultura son indisociables[21], es decir, el proceso de aprendizaje de una L2 está acompañado de otros fenómenos que van más allá de un sistema lingüístico. La segunda premisa pone de manifiesto la importancia del valor social y educativo de aprender una L2 (Byram, 1989, p. 22).

---

21 La relación entre lengua y cultura se evidencia en una serie de disciplinas como es la enseñanza de L2-LE, especialmente entre las décadas de 1960 y 1990, teniendo su periodo de máximo apogeo entre las décadas de 1980 y 1990 en las que investigadores como Byram y Morgan (1994) argumentaban que el objetivo principal de la enseñanza de L2 es lengua-y-cultura.

There is and has always been in foreign language teaching a contribution to the personal education of learners in terms both of individuals learning about themselves and of social beings learning about others. This element is profoundly linguistic because as individuals and as social beings learners are linguistic animals. It is equally fundamentally 'cultural', because language is inseparable from 'culture'. Thus as learners learn about language they learn about culture and as they learn to use a new language they learn to communicate with other individuals from a new culture.

La tercera premisa señala que en el uso de la L2 no es posible alcanzar un nivel de hablante nativo ni tampoco en lo psicológico y social de la C2. En el proceso de aculturación hacia la adquisición de una L2/C2, el hablante de la L1 no deja a un lado los esquemas interpretativos de la L1 para reemplazarlos por los de la L2/C2. De la misma manera, Byram (1989) rechaza la adopción de la perspectiva superficial del turista que a veces el aprendiz de la L2 se ve obligado a acoger. En todo caso, el aprendiz debe adoptar una actitud activa basada en la participación propia del residente que se instala en una sociedad (C2) (*sojourner*).

En la cuarta premisa, Byram (1989) destaca la importancia de tener acceso a la C2. Para acceder a esta última, el aprendiz tiene que dejar a un lado la posición de una persona externa a la C2 (*outsider*) y tomar la de la persona que vive la C2 desde dentro (*insider*) con un proceder activo.

La quinta premisa se basa en la asociación de una lengua a una cultura. La adquisición de una C2 no se debe interpretar como el trasfondo del aprendizaje de una L2. Para ello, el aprendiz debe entablar un proceso de descentralización que le dé la oportunidad de comprender las prácticas asociadas a la L2, es decir, acceder a la otredad (*otherness*). Este proceso de descentralización implica comprender aspectos psicológicos, sociales y discursivos que pueden ser diferentes a los de la C1. Byram identifica la cultura como una red de significados que consiste en una estructura de pensamiento o esquemas compartidos que no son universales.

El modelo propuesto por Byram (1989) queda justificado ante una falta de un marco teórico-descriptivo para convertir la enseñanza y el aprendizaje de una C2, que hasta el momento había estado supeditada a las intuiciones del profesor, en una disciplina científica. Asimismo, con este modelo pretende que el aprendiz de una L2/C2 acceda a estas de manera consciente para conseguir una participación que vaya más allá de la visión superficial y estereotipada del turista, sin tener que adquirir las competencias de hablante nativo de la L2/C2, objetivo poco realista y casi inalcanzable.

Por otro lado, el modelo de competencia comunicativa intercultural se desarrolla de forma más sistemática en su libro *Teaching and assessing intercultural communicative competence* (1997). Parte del modelo presentado por Van EK para luego describir las competencias que deben adquirir los aprendices de L2. No obstante, rechaza la concepción del hablante nativo como modelo a imitar, al igual que en su obra *Cultural studies in foreign language education* (1989), por ser un modelo imposible de conseguir desde un punto de vista pragmático además de no aceptar el hecho de que el aprendiz de L2 tenga que abandonar su L1/C1 para adquirir la L2/C2. Todo lo contrario, el objetivo final del aprendiz debe ser el desarrollo de una consciencia de su posición ante las creencias, comportamientos y significados de la L2.

Asimismo, el modelo propuesto por Byram (1997) huye de la esencialización de la C2. La esencialización de la C2 consiste en tratarla como una serie de creencias, comportamientos y significados que se caracterizan por ser objetivos y fijos. Sin embargo, este modelo asocia la C2 a una cultura nacional, que a veces puede venir determinada por una clase social dominante. Byram (1997) argumenta que lo fundamental es interpretar la C2 como un conjunto de prácticas de significados que pueden dar lugar a diferentes posturas entre hablantes nativos y no nativos de la L2. Es en la interacción entre hablantes nativos y no nativos en la que cobra sentido el hablante intercultural. La interacción entre los diferentes tipos de hablantes viene determinada por cinco componentes o *savoirs*, es decir, el conjunto de conocimientos, actitudes y destrezas que están presentes en el ciudadano intercultural:

(a) Conocimiento declarativo *(savoirs)*. Consiste en conocer tanto la C1 como la C2 además de estar familiarizado no solo con los procesos de interacción de los seres humanos, sino también con cómo se perciben entre ellos mismos en los actos comunicativos.

(b) Actitudes interculturales *(savoir-être)*. Como parte de las actitudes interculturales habría que destacar la curiosidad por conocer otras culturas, la habilidad de entrar en un proceso de descentralización, la relativización de su propia perspectiva con respecto a los valores, creencias, comportamientos de la C1 y de la C2, la apertura de mente y el abandono de actitudes etnocéntricas.

(c) Habilidades de interpretación y de relación (*savoir comprendre*). Consisten en la habilidad por parte del aprendiz a ser capaz de interpretar un documento o evento en la C2, explicarlo y relacionarlo con otros documentos o eventos de la C1.

(d) Habilidades de descubrimiento y de interacción (*savoir apprendre/ faire*). Consisten en las habilidades de adquirir nuevos conocimientos y prácticas culturales de la C2, así como poder usar el conocimiento, las actitudes y las habilidades interculturales en la comunicación en tiempo real. Cuanto mayor sea la distancia entre los esquemas de la C1 y la C2, mayor dificultad supondría el integrar el conocimiento al que se accede.

(e) Consciencia cultural crítica (*savoir s'engager*). Mediante esta consciencia el aprendiz debe ser capaz de llevar a cabo una evaluación crítica de las prácticas, perspectivas y productos.

Byram (1997) explica el alcance de su modelo y las posibles objeciones que puede plantear. En primer lugar, usa los términos "creencias", "significados" y "comportamientos" para identificar el concepto de 'cultura'. Evita, así, dar una definición del mismo además de otorgar un carácter estático al concepto. En segundo lugar, iguala el concepto de 'cultura' con el de 'nación'.

Con respecto a la primera objeción, es decir, identificar 'cultura' con "creencias", "significados" y "comportamientos", Byram (1997) insiste en que la cultura es un constructo dinámico, susceptible de ser modificado y que puede albergar más de un conjunto de creencias, significados y comportamientos. Sin embargo, el carácter estático de la identificación de cultura a través de la tríada "creencias", "significados" y "comportamientos", se justificaría, según Byram, por el hecho de que el modelo que propone pretende que se pueda integrar en el contexto educativo en el que se enseña y se aprende una L2, esto es, en un contexto formal.

En lo que concierne a la segunda objeción, es decir, equiparar 'cultura' con nación, Byram (1997), apoyándose en una perspectiva psicológico-social, señala que en un intercambio entre personas de diferentes países la identidad nacional es fundamental además de existir otras atribuciones como el género, etnicidad, edad y clase social. Del mismo modo, reconoce

que en una interacción entre un hablante nativo y un aprendiz de la L2/
C2, desde una perspectiva psicológica, existe una relación de poder, en la
que el hablante nativo es el que goza de un estatus superior. Byram (1997)
acude a aspectos psicológicos de la adquisición cultural para abogar por
la necesidad de asociar una cultura a un país[22] y a una cultura, que en la
mayoría de los casos es la cultura dominante del país. Argumenta que en la
intervención entre personas de diferentes culturas los participantes suelen
presentar identidades asociadas a naciones. Asimismo, en las interacciones
interculturales el hablante no nativo de la L2 parte de unos presupuestos
culturales (estereotipos) que pueden llegar a suponer un obstáculo en la
comunicación. Según Byram (1997, p. 34), el aprendiz debería desarrollar
una consciencia crítica mediante la cual el acceso a los valores de la C1
serviría de guía en la interpretación de la C2.

## 3.3  Marco teórico-descriptivo de Claire Kramsch

Kramsch, cuya obra, especialmente a partir de *Language and culture*
(1998a), recibe influencias del posestructuralismo, intenta derrotar aquellas
tendencias en el campo de la adquisición de L2 que tienden a la normali-
zación y esencialización de las prácticas culturales.

A lo largo de los trabajos de Kramsch, tres conceptos se consideran esenciales para la caracterización de los mismos, esto es, la competencia simbólica, las prácticas discursivas y la metáfora de 'tercer lugar' y 'terceridad'.

En *Language and culture* , Kramsch (1998a) considera el carácter simbólico de la dualidad lengua y cultura. Para la autora, la cultura no se
equipara a una comunidad lingüística y sus prácticas, sino que habría que
considerar la comunidad de discurso (Kramsch, 1998a, p. 6). Esta comunidad de discurso se basa en prácticas comunes que no necesariamente se
limitan a un espacio común. Kramsch (1998a) hace frente al concepto de
nación propuesto por Byram (1997), tal y como se describe a continuación:

> The modern nation is imagined as limited by finite, if elastic boundaries; it is
> imagined as a sovereign state, but also as a fraternal community of comrades,
> ready to take arms to defend their territorial integrity or their economic interests.

---

22 Byram (1997) usa el término "país" (*country*), que en el caso de Anderson
(2006) se refiere a "nación".

This prototype of the modern nation as a cultural identity is, of course, a utopia. It has been mirrored by a similar view of language as shared patrimony, a self-contained autonomous, and homogeneous linguistic system based on a homogeneous social world—in other words, a linguistic utopia. Such imaginings are tenacious and contribute to what we call an 'individual's national "Identity". (Kramsch, 1998a, p. 73)

Kramsch (1998a) rechaza el concepto de sistema lingüístico homogéneo, considerándolo una utopía. Así pues, en la enseñanza y el aprendizaje de una cultura en una L2, la autora distingue entre dos modalidades, esto es, el enfoque modernista y el enfoque posmodernista (Kramsch, 2013). El enfoque modernista reflejaría una imagen de la C2 homogénea, neutral, estable, objetiva y nacional. El énfasis queda puesto en el país o países en los que se habla la L2 y en el hablante nativo ideal. Sin embargo, el enfoque posmodernista parte de una visión transnacional de la C2, es decir, va más allá de los países en los que la L2 se habla como L1, como son las sociedades coloniales en las que la L2 coexiste con la(s) lengua(s) nativas del país en cuestión. Sostiene que la C2 se caracteriza, igualmente, por su relatividad, multiplicidad, heterogeneidad y naturaleza cambiante. Habría que aclarar que los conceptos de 'lengua franca', esto es, la lengua vehicular usada por hablantes que no comparten la misma L1, por un lado, y de 'hablante plurilingüe', frente al de 'hablante nativo', identificado con una normativa lingüística y asociado a una cultura determinada, por otro, se relacionan con un enfoque posmodernista.

La autora critica la esencialización que supone equiparar una cultura, una lengua y una nación. En cambio, defiende la existencia de prácticas culturales no universales que pertenecen a un grupo que comparte esquemas conceptuales, creencias e intereses que no se tienen por qué identificar con una cultural nacional. Asimismo, se opone al concepto de interculturalidad, pues parte de la base de que las culturas están delimitadas de forma precisa.

El concepto de competencia simbólica lo desarrolla Kramsch (2006) exponiendo, así, las debilidades del modelo comunicativo, siendo la producción oral y el hablante nativo parte de los pilares de este modelo. Enfatiza la necesidad de un modelo que pueda hacer frente a las nuevas realidades, por ejemplo, la existencia de un mundo globalizado.

It is no longer appropriate to give students a tourist-like competence to exchange information with native speakers of national languages within well-defined national cultures. They need a much more sophisticated competence in the manipulation of symbolic systems. Hence the renewed attention to discourse in a range of modalities (spoken, written, visual, electronic), the focus on semiotic choice, and the ability to interpret meanings from discourse features. (Kramsch, 2006, p. 251)

Para Kramsch (2006) el modelo de aprendiz de una L2/C2 no debe ser aquel representado únicamente por un aprendiz que se comunica, sino que igualmente debe tener en cuenta los factores de índole afectiva, cognitiva y valorativa.

> Symbolic competence does not do away with the ability to express, interpret, and negotiate meanings in dialogue with others, but enriches it and imbeds it into the ability to produce and exchange symbolic goods in the complex global context in which we live today. (Kramsch, 2006, p. 251)

Al igual que Kramsch (2006) critica el modelo de competencia comunicativa de Hymes, en el caso del modelo de competencia comunicativa intercultural propuesto por Byram y otros (Byram, 1997, 2000; Byram y Fleming, 1998, etc.), bajo la influencia de posturas posestructuralistas, la autora señala que en la interculturalidad el carácter discursivo, y, por tanto, simbólico, de las prácticas culturales dependientes del contexto no se debe ignorar.

Por medio de los conceptos de 'tercera cultura' y 'tercer lugar', Kramsch (1993) tiene en cuenta lo siguiente:

(a) Proporciona al aprendiz de la L2 la posibilidad de crear significado (Kramsch, 1993, p. 236). El aprendiz se posicionaría entre la C1 y la C2 y daría lugar al tercer espacio, ya sea real o simbólico.

(b) Ofrece al aprendiz tener una postura crítica. El tercer lugar le concede al aprendiz la posibilidad de tener una postura crítica al comparar y contrastar la C1 y la C2 y no aceptar de forma irremediable la información proporcionada por diferentes recursos pedagógicos (por ejemplo, el libro de texto de L2).

(c) Se introduce el concepto de 'cultura ecológica', por medio del cual ante la diversidad y cantidad de posibles contactos entre la C1 y la C2, tanto el aprendiz como el docente se posicionan dentro de un contexto específico. Así, el tercer lugar queda determinado por el contexto en el que se encuentran los participantes en el proceso de aprendizaje de una L2.

Más tarde, Kramsch (2009, p. 248) decide dejar a un lado el término "tercera cultura" y adoptar "terceridad": "By contrast with 'third culture', thirdness is a stance [...], a way of seeing the relation of language, thought and culture". El carácter heterogéneo de las prácticas culturales dependientes de los esquemas conceptuales dentro de un contexto concreto lleva a rechazar la idea de que la dualidad lengua y cultura sea independiente de los contextos específicos.

## 3.4 Marco teórico-descriptivo de Karen Risager

Risager (2008) rechaza la indisociabilidad de la lengua y la cultura. La autora aclara que la inseparabilidad del binomio lengua y cultura tiene sus orígenes en el romanticismo nacional alemán entre 1795 y 1830, aproximadamente. Este sentimiento, relacionado con el deseo de definir la identidad alemana, se entiende a menudo en términos nacionales por medio del cual se hace referencia a una lengua nacional y una cultura nacional.

Risager (2008) afirma que poner el énfasis en la relación lengua y cultura es problemático porque implica correr el riesgo de entender la cultura como algo que depende totalmente de la lengua, dando por hecho que para cada lengua hay una cultura. La autora critica el modelo de Byram argumentando que asocia una cultura a una L1 que se habla en un país como L1 y tiene el estatus de lengua oficial. Relacionar una lengua y una cultura con un territorio nacional (un país o una región) presupone que el mundo se puede desglosar en territorios asociados a unas lenguas, lo que daría lugar a una simplificación poco recomendada. Esta postura ignora procesos nacionales relacionados con la internalización y la globalización, por ejemplo, los movimientos migratorios de personas que llevan consigo su propia lengua por todo el mundo. Asimismo, dentro de una situación formal de enseñanza y aprendizaje de una L2, Risager (2006) señala que se pueden encontrar diferentes identidades lingüísticas y culturales, lo que da lugar a situaciones complejas y heterogéneas, por lo que no tendría sentido asociar una lengua a una cultura. La autora defiende que toda práctica cultural que tenga lugar en un estadio muy primitivo de la L2 habría que contemplarla como inseparable de la lengua. Desde una perspectiva psicológica, no sería posible separar lengua de cultura, pues los recursos lingüísticos de un ser humano se establecen por medio de las prácticas culturales. No sería factible eliminar el proceso por el cual se han adquirido dichos recursos. Sin embargo, desde una perspectiva sociolingüística, lengua y cultura son separables, es decir, las mismas prácticas culturales que tienen lugar en un contexto pueden tener en otro y en otra lengua.

Asimismo, Risager (2006), para posicionarse a favor de la separabilidad de la lengua y la cultura, señala la existencia de referencias culturales, especialmente en el nivel macro del texto, esto es, un evento o un hecho se puede expresar en diferentes lenguas. Por el contrario, a nivel micro, sobre todo en aquellos casos en los que se gana precisión en la transmisión de una referencia cultural si se realiza en una lengua y no en otra, la separación de lengua y cultura no sería aconsejable.

La corriente estructuralista que se extiende desde la década de 1920 hasta la década de 1950, aproximadamente, defiende la autonomía de la lengua, es decir, la considera un fenómeno que es neutral desde un punto de vista cultural. Risager (2008) se desmarca, igualmente, de esta postura, pues considera que es problemática, ya que infravalora el significado que acarrea la lengua. En otras palabras, si la cultura transmite significados, la lengua debe considerarse como un sistema de significados perteneciente al ser humano.

En cambio, la autora propone tratar la relación entre lengua y cultura como algo complejo en un mundo globalizado y desde una perspectiva transnacional (cf. Risager, 2006), en la que el concepto de 'linguaculture', que en este trabajo se ha traducido como "linguacultura", resulta fundamental. Mediante este concepto se hace hincapié en el contenido o significado de la lengua. Añade que el concepto se relaciona con el idiolecto, lo que permite que cuando una persona salga de la comunidad en la que se habla su L1 entre en juego una complejidad cultural. De ahí que la autora considere que mantener el tándem lengua-cultura como inseparable conlleva un riesgo de simplificación. Aclara que en el caso de los aprendices de L2-LE, en especial los adultos, en el proceso de aprender otra lengua ponen en práctica su propia 'linguacultura'. En los primeros estadios del aprendizaje de una L2, el aprendiz hará un mayor uso de su 'linguacultura' para dar sentido al léxico de la L2, mientras que en estadios más avanzados de la L2 ocurrirá todo lo contrario, esto es, la 'linguacultura' de la L1 no tendrá un papel tan predominante.

Dentro de la pedagogía de lengua y cultura, Risager (2007) aboga por el abandono de un paradigma nacional para pasar al paradigma transnacional. Según esta autora, en el primer caso, la pedagogía de lengua y cultura según el paradigma nacional se caracteriza por lo siguiente:

(a) el uso estándar de la lengua a nivel de nativos hablantes dentro de un contexto nacional;
(b) el profesor no solo es nativo hablante de la L2, sino que su uso responde a la variedad estándar;
(c) la enseñanza de la L2 se centra en la variedad estándar de la lengua y no en la cultura;
(d) los temas que se presentan están relacionados con la cultura del país o países en los que la L2 se usa como L1, y que, igualmente, representan la cultura de la mayoría;
(e) la enseñanza de la L2 tiene lugar en uno de los países en los que se habla como L1;
(f) los aprendices fuera del aula solo tienen contacto con los hablantes nativos de la L2.

Como resultado de los flujos migratorios en los que nos hallamos y que dan lugar a una complejidad lingüística y cultural junto con las nuevas tecnologías que facilitan la comunicación global, la autora propone un paradigma transnacional (Risager, 2007) con las siguientes características:

(a) No se contempla únicamente la variedad estándar de la L2, sino que también se tienen en cuenta otras variedades.
(b) El profesor de la L2 no necesariamente debe ser un hablante nativo de la L2, siempre y cuando tenga un buen nivel de lengua en la misma.
(c) La enseñanza de la L2 puede contemplar el uso de otras lenguas como podría ser la L1 del alumno.
(d) La naturaleza de los temas que se introducen puede ser variada, siempre y cuando se trabajen en la L2 principalmente. Asimismo, la elección de los temas debe tener una justificación pedagógica.
(e) Los temas que se enseñan no necesariamente se tienen que ceñir al contexto nacional, sino que más bien se aconseja que vayan más allá de lo nacional, tomando, por ejemplo, una perspectiva intercultural basada en las comparaciones y los contrastes. Por tanto, los temas pueden estar relacionados con la C1 del alumno, aunque es la L2 la lengua vehicular usada para la enseñanza de los temas procedentes de la C1. De la misma manera, la autora aconseja la presencia de temas

generales que no necesariamente tienen que estar relacionados con la
C1 o la C2.

(f) La enseñanza de la L2 no tiene por qué tener lugar en el/los país/países
en el/los que se habla como L1, sino que puede ocurrir en cualquier
parte del mundo.

(g) Los alumnos pueden tener contacto con personas de cualquier parte
del mundo, siempre y cuando tenga lugar principalmente en la L2.

En este estudio se va a seguir en parte el modelo de Byram y otros (Byram,
1997, 2000; Byram y Fleming, 1998), a pesar de las críticas recibidas, junto
con propuestas procedentes de Risager (2007) y Kramsch (2013).

El modelo de Byram resulta especialmente relevante por los siguientes
aspectos: (a) establece una relación entre la C1 y la C2, (b) parte del concepto de 'hablante intercultural' que contrasta con el objetivo tradicional
pero poco realista de esperar que el aprendiz se convierta en un hablante
nativo de la L2 y (c) enfatiza la comunicación entre personas de diferentes
C1 en una L2, mientras que el concepto de 'competencia Intercultural' se
centra en la comunicación entre personas de diferentes C1 en la L1 del
hablante.

En lo que respecta a las propuestas de Risager (2007), se va a contemplar
el paradigma transnacional. Entre las razones cabe destacar (a) la perspectiva intercultural que se apoya en las comparaciones y los contrastes entre
la C1 y la C2 y (b) la comunicación con personas de diferentes C1 siempre
que tenga lugar en la L2.

Por último, en lo que concierne a Kramsch (2013), se va a tener en cuenta
el enfoque posmodernista, que no solo se caracteriza por su visión transnacional de la C2, sino por contemplar una C2 basada en la relatividad, multiplicidad, heterogeneidad, naturaleza cambiante, además de las nociones de
'lengua franca' y de 'hablante plurilingüe' (frente al de 'hablante nativo').

# Capítulo 4. La presencia del componente sociocultural en libros de texto para la enseñanza de L2

**Resumen:** La mayor parte de la información que aparece a lo largo de este capítulo proviene de investigaciones centradas en el análisis de los contenidos socioculturales en LT para la enseñanza de una L2 desde el punto de vista del investigador o del profesor. Apenas existen estudios que documenten las diferentes formas en las que el aprendiz de la L2 hace frente a las representaciones culturales en los LT de L2 (Canale, 2016; Kramsch, 1987; Risager, 2014). Hay que aclarar, igualmente, que la información que contienen los siguientes apartados acerca del componente sociocultural en LT para la enseñanza de L2 procede principalmente del análisis de LT para la enseñanza del inglés. En el caso del español como L2, existe una gran escasez de investigaciones sobre la presencia de este componente en LT para enseñar esta L2. El componente sociocultural en los LT para la enseñanza de L2 se caracteriza por ofrecer una visión superficial propia del espectador-turista a través de viajes, comida y otras formas de entretenimiento, lo cual da lugar a una imagen de la C2 fragmentada y estereotipada. Este tipo de enseñanza ignora los valores y las creencias. En cuanto a la presencia de la 'Cultura con C mayúscula' y 'cultura con c minúscula', los estudios no muestran que en la actualidad haya una clara tendencia con respecto a un tipo u otro. En lo referente a la interculturalidad, el nuevo milenio evidencia un interés por incluir enfoques duales en los que se comparan y se contrastan la C1 y la C2, con el fin de eliminar perspectivas etnocéntricas y estereotipadas. Por último, se indica que apenas existen estudios que se centren en examinar la influencia del contenido ideológico y la relación que este guarda con el contexto político y socioeconómico en los materiales pedagógicos. Los resultados de las investigaciones demuestran la presencia de ideas neoliberales en la clase social, el género, la raza, la orientación sexual, etc., presentes en dichos materiales. En este capítulo se hace hincapié en la influencia del neoliberalismo en la clase social por medio de una sobrerrepresentación de la clase media, al mismo tiempo que ignora a la clase trabajadora y las injusticias sociales.

**Palabras clave:** visión superficial, consumismo, consciencia intercultural, neoliberalismo, clase media, meritocracia, individualismo

## 1 El papel del libro de texto en la enseñanza del componente sociocultural en L2

A pesar de las críticas que han recibido los LT y de la variedad de recursos pedagógicos disponibles en línea para la enseñanza de L2, este sigue siendo una herramienta importante en la práctica educativa (Tomlinson, 2012; Wu, 2010).

Richards (2005) señala que el LT se convierte en contextos de L2-LE en la única fuente de *input* para los aprendices en el aula. El autor destaca los diferentes papeles del LT en cualquier programa de L2, entre ellos, el LT (a) proporciona una estructura que sirve de guía al profesor (Sercu, 2000a) y al alumno a lo largo del curso; (b) asegura la posibilidad de una instrucción estandarizada por la que los aprendices reciben material similar y a los que se les examina de forma similar; (c) mejora la calidad del aprendizaje; (d) junto con otros recursos pedagógicos de los que va acompañado proporcionan variedad en la presentación del material; (e) ahorra tiempo y energía al docente; (f) ofrece al docente y a los aprendices modelos de lengua meta que son apropiados y (g) suele contener una gran riqueza con respecto al diseño y la calidad de producción lo que da lugar a materiales atractivos. Con frecuencia el LT se presenta como la base del programa docente, determinando el tipo de actividades e interacciones que se van a llevar a cabo dentro del aula (Chapelle, 2016). En general, los LT además de ser un recurso pedagógico representan una autoridad y una ideología (Cortazzi y Jin, 1999).

Sin embargo, el LT también presenta una serie de inconvenientes como, por ejemplo, (a) la guía que ofrece puede resultar de gran ayuda, pero, igualmente, acarrea un riesgo debido a la excesiva mecanización de la docencia y de no ser capaz de dar respuesta a las necesidades de los estudiantes (Raigón-Rodríguez, 2015), (b) la falta de atención a los descubrimientos más recientes en lingüística aplicada y (c) la falta de sistematicidad en la selección y presentación de ciertos componentes como son el léxico y el sociocultural. Lawley (2000), refiriéndose a la situación global de España, señala que esta falta de atención a la realidad de los estudiantes se debe a cuestiones económicas. Es más productivo desde esta perspectiva editar un mismo LT que pueda ser utilizado en muchos países que diseñarlo teniendo en cuenta solo la realidad de cada país. Del mismo modo, en una encuesta realizada en doce países, Tomlinson (2008) aclara que un 85 % de los LT para la enseñanza del inglés como L2 fueron seleccionados por los administradores de los centros de estudios, un 15 % por los profesores y un 0 % por los estudiantes. Esto evidencia el papel insignificante que desempeña la figura del alumno en la elección de los materiales pedagógicos.

Con respecto al componente sociocultural, una de las influencias ejercida por el enfoque comunicativo en la enseñanza de L2 se ha visto reflejada en el incremento de LT que incorporan descripciones de la C2 con la intención de facilitar el entendimiento intercultural. De igual modo, esta incorporación del componente sociocultural a los LT de L2 acarrea consigo un interés por investigar el tratamiento que se le ha dado a dicho componente en estos materiales pedagógicos (Bennett et al., 2003; Chlopek, 2008; Premier y Miller, 2010). De acuerdo con Kramsch (1993), en los LT el aspecto cultural ha sido marginado en pos de lo estructural o funcional debido a la histórica tiranía de la lingüística en el campo de la didáctica de las lenguas, que ha entorpecido la opción de un enfoque más holístico.

A continuación, se destaca el papel que juega el LT con respecto al componente sociocultural, por lo que este queda resumido en los siguientes puntos: (a) los LT resultan ser constructos culturales que no representan la lengua y la cultura de forma neutral sino que evidencian cuestiones culturales, políticas, educativas y metodológicas; (b) se decantan por una variedad lingüística concreta que se suele asociar a ciertas culturas y naciones; (c) introducen ideologías que quedan asociadas a grupos concretos y (d) ejercen de forma implícita una influencia considerable en la visión que el aprendiz pueda tener acerca de la lengua y la cultura.

El LT para la enseñanza de una L2 se considera una de las fuentes principales para aportar *input* relacionado no solo con la L2, sino también con las manifestaciones culturales de la misma (Brown, 2001; Cortazzi y Jin, 1999; Cunningsworth, 1995; Gray, 2010a; Liddicoat y Scarino, 2013; Littlejohn, 2012; McKay, 2002). Cortazzi y Jin (1999) opinan que los LT no solo son portadores de contenidos socioculturales, sino que también suponen una ventana a la C2. En la misma línea, Liddicoat y Scarino (2013) afirman que los LT no son únicamente muestras de lengua, sino que también se convierten en productos culturales que contienen identidades, supuestos y perspectivas procedentes de los autores y de los diferentes públicos para los que han sido diseñados, además de actuar de puerta de entrada a nuevas realidades culturales.

En cuanto a la relación que se establece en los LT entre la lengua y la cultura, Gray (2013, p. 13) aclara que los LT son artefactos culturales en los que la lengua que se enseña está asociada a una variedad específica y a un conjunto de valores.

Con respecto al papel del LT en el aula de L2, se convierte en un poderoso instrumento en la transmisión de ideologías al seleccionar, legitimar y censurar conocimientos y formas culturales (Apple, 2004). Canale (2016) en un estudio sobre la representación del componente sociocultural en LT para la enseñanza de L2 afirma que el LT es un artefacto cultural que no solo contiene ideologías, sino que también reifica ciertos tipos de conocimientos.

En lo referente a la relación entre el LT y el aprendiz, el LT se convierte en un instrumento que ofrece un *input* valioso con respecto al hecho de concienciar a los alumnos de la diversidad y expresiones culturales (Brown, 2001; Byram, 1997; Cunningsworth, 1995; McKay, 2003; Ndura, 2004; Richards, 2001). Ndura (2004) destaca que el contenido de los recursos pedagógicos ejerce una influencia considerable en las actitudes e inclinaciones que desarrollan los alumnos hacia ellos mismos, otras personas y la sociedad en general. Del mismo modo, Shardakova y Pavlenko (2004) destacan la influencia del LT en los usuarios hasta el punto de que poseen la capacidad de hacer que estos se conviertan en una comunidad interpretativa, por medio de la cual sus miembros interpretan textos de forma similar al compartir posiciones y experiencias similares.

> Textbooks are not a neutral repository of grammatical forms and lexical choices; rather they are an important genre that functions to offer the students a sanctioned version of human knowledge in a particular area to confer objectivity upon the subject matter, and to socialize the readers into becoming a relatively homogeneous interpretative community. (p. 28)

Junto al LT, Liddicoat y Scarino (2013) consideran fundamentales otros recursos como la literatura, la comunidad y el aula en la L2 para el aprendizaje de aspectos socioculturales. Lappalainen (2011) señala que los alumnos deben estar expuestos a una variedad de materiales culturales para procesar la C2 y los distintos fenómenos que la componen para evitar conclusiones erróneas. Según Varón Páez (2009, p. 100), el mercado editorial no solo incluye aspectos socioculturales en LT, sino también en forma de libros especializados en la enseñanza del componente sociocultural, dando a entender que su enseñanza se puede tratar por separado del resto de componentes (gramática, léxico, pronunciación, etc.). Este tipo de comportamientos editoriales no favorecen el desarrollo de la competencia comunicativa intercultural.

En los siguientes apartados se describen características que presentan los contenidos socioculturales presentes en LT para la enseñanza de L2.

## 2 Una visión superficial, materialista y estereotipada del componente sociocultural

Diversas investigaciones han señalado la visión superficial del turista que se halla en los LT para la enseñanza y el aprendizaje de L2 (Areizaga, 2002; Paige et al., 2003; Pohjanen, 2007; Raigón-Rodríguez, 2015, entre otros). En gran parte, esta tendencia puede venir provocada por las directrices del Consejo de Europa en documentos como el MCER (2001), que aboga por una enseñanza basada en las necesidades de un viajante europeo (Méndez García, 2005).

Starkey (1991, p. 214) expresa claramente que los LT europeos de L2 incorporan una dosis evidente de materialismo y consumismo al parecer estar diseñados con propósitos turísticos. Paige et al. (2003, p. 209) afirman que los LT de L2 a menudo incluyen representaciones culturales que toman la perspectiva del turista al centrarse en temas como la comida y el transporte. Pohjanen (2007) evalúa el contenido sociocultural de LT para la enseñanza del inglés como L2 producidos en Finlandia. Concluye que el contenido cultural de estos LT se asemeja al que contienen los folletos de agencias de viajes y se limita a la enseñanza de una L2 para viajar y hacer turismo en general.

Yuen (2011) analiza la presencia de contenidos socioculturales clasificados en productos, prácticas, perspectivas y personas (cf. Moran, 2001, p. 25) para concluir que los del tipo productos en forma de entretenimiento, viajes y comida son los más frecuentes, mientras que las temáticas relacionadas con las perspectivas serían las que aparecen en un menor número de unidades de los LT. Yuen (2011) explica que los productos culturales, tales como los arriba mencionados, no solo contribuyen a dar una visión turística de la C2, sino que también resultan más atractivos para los aprendices jóvenes de una L2 en comparación con los conceptos abstractos relacionados con perspectivas culturales, como podría ser el caso del concepto 'igualdad'.

Raigón-Rodríguez (2015) en un análisis de tres LT de nivel B2 dirigidos a adultos universitarios y publicados por las tres editoriales más demandadas en el mercado nacional español para la enseñanza del inglés como L2-LE en España, esto es, CUP, OUP, y Macmillan, concluye que resulta más frecuente encontrar una foto del horizonte (*skyline*) de Manhattan, es decir, una referencia a hechos concretos, que un ejercicio en el que los aprendices de L2 tengan que descubrir los valores y/o creencias de la sociedad norteamericana como es el sentido de la frontera o la importancia dada a la megalomanía. Según este autor, en el primer caso, el aprendizaje cultural, basado en imágenes similares a las que podrían aparecer en un folleto turístico, se queda en el aprendizaje anecdótico del espectador-turista. Sin embargo, en el segundo caso, el ejercicio en sí ayudaría a interpretar las imágenes que forman parte del material visual del LT.

Amerian y Tajabadi (2020) tras obtener a través de una lista de verificación la opinión de 80 profesores de inglés como L2 junto con entrevistas en grupos en las que participan cinco de los profesores encuestados, los autores concluyen que en la serie *New Headway* (4.ª edición, 2011, OUP) las representaciones culturales de la C2 adoptan la perspectiva del turista y otorgan un tratamiento superficial y fragmentado a los problemas sociopolíticos. Sirva de ejemplo lo que sigue a continuación. No se menciona la integración de las Islas Británicas como uno de los desafíos geográficospolíticos más importantes de la historia del Reino Unido. Los habitantes de Inglaterra, País de Gales, Escocia e Irlanda parecen vivir en un ambiente de total armonía y entendimiento. Del mismo modo, temas polémicos como el acoso, los hurtos, el fraude, la contaminación causada por el plástico, y el desempleo no se tratan de forma seria. Una posible explicación a este tratamiento neutral es que la controversia, si no recibe un trato adecuado y exhaustivo puede llevar al aprendiz de una L2 a dar por hecho perspectivas erróneas y prejuicios sobre la C2 (Canga Alonso y Cifone Ponte, 2015). Sin embargo, y de acuerdo con Tudor (2001), los materiales pedagógicos no se deben tratar desde la neutralidad, pues necesitan reflejar un conjunto de aspectos sociales y culturales inherentes a un sistema de valores.

Otro de los problemas recurrentes que se hallan en el tratamiento dado a la cultura en los LT de L2 es la visión fragmentada y estereotipada de la C2. El aprendiz al no tener contacto directo con la C2 o sin que se le advierta acerca de diferencias individuales puede llegar a asumir que la información relativa a ciertos grupos pertenecientes a la C2 se aplica a todos los miembros de la comunidad (Paige et al., 2003). Con frecuencia el aprendiz de L2 llega al aula con ideas preconcebidas sobre la C2, en parte negativas, que contribuyen a incrementar las interpretaciones erróneas de otro(s) sistema(s) cultural(es) y a favorecer la creación de ideas etnocéntricas. A comienzos de la década de 1990, Clarke y Clarke (1990) denunciaban la existencia de estereotipos en los materiales pedagógicos destinados a la enseñanza del inglés como L2 al omitir, de forma consciente o inconsciente, aspectos importantes y que definen la C2. Dicha omisión puede dar lugar a (a) estereotipos raciales, por ejemplo, las imágenes de personas de raza negra o de otras minorías suelen ser negativas; (b) estereotipos sexuales, los cuales presentan la figura del hombre como un ser humano práctico, emprendedor, mientras que en el caso de la mujer aparece dibujada como un ser emocional; (c) estereotipo regional, por medio del cual la C2 se enfoca en una zona geográfica concreta y (d) estereotipo de clase que destaca el papel de la familia tradicional, que ha dejado de ser la norma hoy en día. Brown (1994) aclara que la simplificación excesiva es la característica definitoria del estereotipo atribuyendo rasgos positivos o negativos a la C2, ignorando, por tanto, las diferencias individuales. Robinson (1985, 1994) determina que los malentendidos culturales provenientes de aspectos que son diferentes en la C1 y la C2 no son realmente problemáticos ni difíciles de atajar. En cambio, afirma que son aquellos malentendidos originados por tendencias cognitivas moldeadas en gran parte por la composición etnolingüística de la C1 y las actitudes del aprendiz y su entorno hacia la C2 los que pueden dar problemas en la comunicación intercultural.

Martínez García (1996, pp. 19–25) en un estudio del componente sociocultural en LT para la enseñanza del inglés como L2-LE en España y dirigidos a alumnos de nivel elemental revela la presencia recurrente de estereotipos. Sin embargo, Méndez García (2003), en una investigación llevada a cabo con 14 LT para la enseñanza del inglés como L2-LE en España, publicados por editoriales británicas y dirigidos a alumnos de Bachillerato que cuentan con un nivel intermedio de inglés, sostiene que los autores de estos LT muestran un esfuerzo por representar un contenido cultural lo más realista, equilibrado y auténtico posible en un plano neutral, lejos de una imagen idílica y conflictiva con la excepción de algunos aspectos culturales de tipo tópico y típico que aparecen de forma ocasional.

Pozzo (2013, p. 105) afirma que en el caso de materiales para la enseñanza del español como L2 publicados por editoriales argentinas se tiende, igualmente, a favorecer referentes estereotipados o iconos como las empanadas, el guacamole, el tango y la salsa. Se ofrece, así, una imagen pintoresca y turística de América Latina, evitando tratar temas como la pobreza, el analfabetismo y la desigualdad social en esta parte del continente americano.

Illescas García (2014) analiza tres LT para la enseñanza del español como L2-LE en EE.UU., dirigidos a estudiantes universitarios de español, de nivel intermedio y publicados por editoriales norteamericanas, esto es, Vista Higher Learning, Heinle Learning Center y Pearson. El autor concluye que, en dichos materiales, existe un discurso ideológico proveniente de la cultura dominante que conlleva la perpetuación del estereotipo a través del cual a las comunidades hispanas se les invita a que conserven sus tradiciones milenarias, mientras que el concepto de progreso en dichas comunidades no tiene cabida.

Amerian y Tajabadi (2020) en el estudio del componente sociocultural de la anterior serie de LT mencionada, *New Headway*, afirman que existen estereotipos de género, socioeconómicos y raciales. En esta serie los hombres y las mujeres aparecen en un número equilibrado, con las mismas oportunidades laborales. Este tipo de situaciones idílicas, lejanas del mundo real, no preparan al alumno a hacer frente a los desafíos que acarrean interacciones en las que falla la comunicación o hay malentendidos debido a desigualdades relacionadas con el género y el poder. En cuanto a los estereotipos socioeconómicos, se enfatiza la presencia de multimillonarios británicos con inclinaciones filantrópicas, mientras que se deja a un lado las clases media y trabajadora. Por último, en cuanto a los estereotipos raciales, cuando aparecen personas de otras razas/etnias, por ejemplo, indios y africanos, no se proporciona información sobre la geografía, historia, religión, etc. de los mismos.

Este tipo de enseñanza de la cultura en una L2 basada en la transmisión de contenidos cuya naturaleza atiende a hechos, dejando a un lado valores y creencias, refuerzan los estereotipos y la visión superficial y materialista de la C2. Esta perspectiva, que resulta atractiva para el espectador-turista, se podría combatir con la reflexión, comparación y contraste sobre los valores y creencias de la C1 y de la C2, así como con la relativización de generalidades (Areizaga, 2002; Göbel y Helmke, 2010; Raigón Rodríguez, 2015).

## 3  La presencia de la Cultura con C mayúscula y la cultura con c minúscula[23]

Las investigaciones sobre la presencia de la Cultura con C mayúscula y la cultura con c minúscula en LT para la enseñanza de L2 han arrojado resultados dispares, en parte, propiciados por las diferencias entre las diversas identificaciones de estos dos conceptos.

A continuación, se describen algunas investigaciones (Labtic y Teo, 2019; Larrea Espinar, 2015; Lee, 2009; Raigón-Rodríguez, 2015) en las que los resultados muestran un claro énfasis en la inclusión por parte de los autores de los LT de aspectos socioculturales pertenecientes a la Cultura con C mayúscula.

Lee (2009) analiza 11 LT para la enseñanza del inglés a nivel conversacional, destinados a alumnos coreanos con edades comprendidas entre los 17–18 años y publicados en 1996, 1997 y 2003. La elección de estos LT viene justificada por el hecho de que los valores y las normas culturales se adquieren mejor en la interacción (Scollon y Scollon, 2000). Para el análisis Lee (2009) parte de los modelos propuestos por Paige et al. (1999, 2003) y Lee (2004, 2005) para integrar la enseñanza y el aprendizaje de la lengua y la cultura. Según Paige et al. (1999, 2003), por un lado, la Cultura con C mayúscula representa una serie de hechos visibles que están relacionados con el arte, la historia, la geografía, los negocios, la educación, las fiestas y las costumbres de una sociedad meta. Por otro lado, la cultura con c minúscula la identifica con la parte invisible y más profunda de la C2, por ejemplo, los valores, las normas y creencias culturales como la edad, el género y el estatus social. De acuerdo con Lee (2009), el modelo de Paige

---

23  En el capítulo 1. *Cultura,* se ofrecen diferentes definiciones de los conceptos 'Cultura con C mayúscula' y 'cultura con c minúscula', a través de las aportaciones de Brody (2003), Peterson (2004) y Tomalin y Stempleski (1993).

et al. (1999, 2003) presenta problemas para implementarlo en un aula de L2, pues no especifica los temas para ambos tipos de cultura. Así, Lee (2004, 2005) sugiere 22 y 26 temas para la Cultura con C mayúscula y la cultura con c minúscula, respectivamente. La primera la identifica con los siguientes temas: razas/geografía/lugares históricos; artes/artesanía/tesoros nacionales; agricultura; literatura; medicina/ciencia; moneda/compras/ mercado/industria/negocios; infraestructuras; educación, vestimenta/estilo/ comida/vivienda; festividad/fiesta/ceremonias/celebraciones; vacaciones; sistema postal/medios de comunicación; costumbres sociales; variedades regionales; regiones; deportes/ocio/música/recreaciones; tráfico/transporte; familia; significado del contacto/espacio; comportamientos no verbales; comunicación por satélite; gobierno/política. La cultura con c minúscula queda identificada tal y como sigue: libertad; privacidad/individualismo; igualdad/igualitarismo; justicia; competición; materialismo; trabajo duro; confrontación; orientado a la novedad; mejora de uno mismo; crianza; control personal sobre el medioambiente; control sobre el tiempo; orientado a la acción/trabajo; informalidad; franqueza/honestidad; alto grado de involucración; liberal; experimental; orientado al futuro; orientado a reglas/regulaciones; dominación del género masculino; orientado al interés en uno mismo; autoconfianza; estado de consciencia de bajo riesgo; énfasis en el producto final. Los 11 LT enfatizan los temas de la Cultura con C mayúscula. Por el contrario, los temas de la cultura con c minúscula aparecen mínimamente. Los temas de la Cultura con C mayúscula se centran en qué hacer y qué no hacer en ciertos lugares y situaciones de la C2. Dicha información resulta superficial, ya que no va acompañada de una explicación acerca de los valores, normas y creencias de la C2. Ninguno de los LT analizados señala que los valores y las normas pueden estar sujetos a variables socioculturales tales como la edad, género, grupos étnicos, regiones, orientación política y el estatus de los participantes en las interacciones. A comienzos de los noventa, Moore (1991) y Byram et al. (1991) aconsejan que la información procedente de la Cultura con C mayúscula que es generalizable vaya acompañada de explicaciones acerca de cómo cualquier norma o valor de la C2 puede diferir entre personas de género, edad, estatus socioeconómico y lugar de procedencia diferentes. Lee (2009) afirma que la ausencia de tales explicaciones en el material analizado puede dar lugar a estereotipos e ideas preconcebidas.

Larrea Espinar (2015) examina la presencia de aspectos socioculturales en tres LT para la enseñanza del inglés como L2-LE (*English Unlimited*, 2011; *Straightforward*, 2012; *English File*, 2013) en España, en concreto, el libro del alumno. Los LT son de nivel intermedio (B1), están dirigidos a adultos y fueron publicados entre 2011 y 2013. La autora crea su propio modelo de aprendizaje cultural a partir de los modelos propuestos por Paige et al. (1999) y Lee (2009). El análisis de los datos revela que la Cultura con C mayúscula aparece en un mayor número de ejemplos en comparación con la cultura con c minúscula. De las 14 temáticas[24] que incluye la autora dentro de Cultura con C mayúscula, las más reiteradas son las relacionadas con la literatura/cine/música/medios de comunicación y costumbres sociales mientras que las menos frecuentes son la familia y la comida. En lo concerniente a las temáticas pertenecientes a la Cultura con C mayúscula, por un lado, y a las destrezas, por otro, no parece que exista un comportamiento uniforme en los tres LT. Por ejemplo, en el LT *English File* se llevan a cabo principalmente mediante actividades centradas en las destrezas receptivas mientras que en *English Unlimited* se llevan a cabo a través de actividades que practican las destrezas de escuchar y hablar. En cuanto a la destreza escrita, tan solo está presente en un ejemplo en un único LT de los tres LT analizados. Por otro lado, en lo que a la cultura con c minúscula se refiere, ninguno de los LT integra las 16 temáticas[25] que la componen al completo. La única temática que no está presente en ninguno de los LT es la orientación hacia lo nuevo. Al igual que en el caso de la Cultura con C mayúscula no existe una clara tendencia en los tres LT a enseñar aspectos de la cultura con c minúscula empleando, o bien las destrezas activas, o

---

24 Grupos étnicos; geografía/historia/política/variaciones regionales; artes/arte-sanía/monumentos y lugares históricos; literatura/cine/música y medios de comunicación; moneda/compra/mercado/industria/negocio; vida urbana/infraestructuras/vivienda/transporte; educación; vestimenta; comida; fiestas/celebraciones/vacaciones/ceremonias; costumbres sociales; ocio/deportes; familia; comunicación no verbal.

25 Individualismo/colectivismo; igualdad; justicia; competitividad; materialismo; confrontación; orientación hacia lo nuevo; mejora de uno mismo; crianza; tiempo; nivel de formalidad; estilos de comunicación (directo e indirecto); observación de reglas; orientación hacia el género masculino; énfasis en el producto final; importancia del trabajo duro.

bien las receptivas. Sirva de ejemplo el hecho de que *English File* e *English Unlimited* contienen actividades que practican la destreza de escuchar en los temas relacionados con la cultura con c minúscula, mientras que *Straightforward* se decanta por la lectura para practicar temas de la cultura con c minúscula. La destreza escrita no aparece asociada a la introducción de contenidos socioculturales del tipo cultura con c minúscula. Los aspectos socioculturales menos tratados son los provenientes de la cultura con c con minúscula, es decir, los de la cultura invisible.

Raigón-Rodríguez (2015) analiza tres LT para la enseñanza del inglés (*New English File*, 2011; *English Unlimited*, 2008; *Straightforward*, 2012), de nivel B2, destinados a adultos universitarios y publicados por tres de las editoriales más demandadas dentro del mercado nacional español para la enseñanza del inglés como L2-LE, esto es, OUP, CUP y Macmillan. Para el estudio del componente sociocultural, el autor parte de la distinción que Lee (2009) hace del concepto 'cultura', y lo divide en Cultura con C mayúscula y cultura con c minúscula. Los resultados indican que los ejemplos anotados y pertenecientes a Cultura con C mayúscula (entre ellos grupos étnicos, geografía/historia/política/variaciones regionales, arte/artesanía/ monumentos y lugares históricos, literatura/cine/música/medio de comunicación, medicina/ciencia, moneda/compras/mercado/industria/negocios, vida urbana/infraestructuras/vivienda/transporte, educación, vestimenta, comida, festividades/fiestas/celebraciones/ceremonias, costumbres sociales, ocio/deportes, familia, comunicación no verbal), son más numerosos que los ejemplos englobados dentro de cultura con c minúscula (esto es, individualismo/colectivismo, igualdad, justicia, competitividad, materialismo, confrontación, orientación hacia lo nuevo, mejora de uno mismo, crianza, tiempo, nivel de formalismo, estilos comunicativos, grado de orientación hacia las normas, masculinidad, grado de orientación hacia los resultados, importancia del trabajo). Según el autor, la cultura con c minúscula se encuentra bastante descuidada en los tres LT analizados al tratarse de aprendizaje que es más complejo debido a la naturaleza menos observable del mismo y, por tanto, hay que dedicarle mayor esfuerzo. Ambas culturas aparecen con mayor incidencia en las destrezas receptivas. Esta mayor presencia en las destrezas receptivas conlleva que no haya una total implicación por parte del alumnado en el proceso de aprendizaje, ya que se les priva de la oportunidad de incorporar sus conocimientos de la C2 al proceso. El autor concluye que en los tres LT analizados la enseñanza del componente sociocultural se basa principalmente en la transmisión de conocimientos antes que en la participación activa en el proceso a través de la reflexión y el debate.

Labtic y Teo (2019) analizan tres LT para la enseñanza del inglés como L2 de la serie *Access,* publicada por una editorial tailandesa y dirigida a jóvenes entre 13 y 15 años. Esta serie se usa en la actualidad en centros de educación secundaria. Con respecto a la Cultura con C mayúscula, los autores parten del concepto 'Cultura con C mayúscula' propuesto por Lee (2009), con la excepción de que lo reducen a ocho temáticas (política, educación, ropa y moda, música, arte y arquitectura, historia, geografía y razas, y literatura). En lo concerniente a la cultura con c minúscula, se toma en consideración la clasificación que el MCER (2001) hace de cultura con c minúscula, esto es, la vida diaria, condiciones de vida, relaciones interpersonales/ valores/ creencias/actitudes, lenguaje corporal, convención social y comportamiento ritual. Los resultados revelan que algo más de la mitad de los temas culturales en los LT de la serie pertenecen a Cultura con C mayúscula, siendo la literatura y la geografía y las razas, por este orden, los más frecuentes. En el caso de la cultura con c minúscula, los temas más comunes pertenecen a la vida diaria, el comportamiento ritual y las condiciones de vida. En cambio, las temáticas como la política y las relaciones interpersonales no aparecen y la temática del lenguaje corporal apenas tiene presencia. Los autores argumentan que la ausencia de cuestiones relacionadas con la política se puede deber a una falta de interés en un tema complejo por parte del alumnado al que van dirigidos los LT analizados, es decir, jóvenes de 13–15 años. Sin embargo, el prescindir del tema sobre el lenguaje corporal privaría al alumno de aprender acerca de gestos, expresiones faciales y posturas útiles para contextos de comunicación internacional. Ambos tipos de cultura aparecen mayormente en las destrezas receptivas. De acuerdo con los autores, esta tendencia en los LT analizados puede ser debida al hecho de que el inglés como idioma internacional requiere que los alumnos principalmente se concentren en las destrezas de comprensión (escuchar y leer), esto es, destrezas receptivas, antes que en las destrezas activas (hablar y escribir) (Crystal, 2010).

En cuanto a la mayor presencia de cultura con c minúscula, los siguientes estudios (Baleghizadeh y Shayesteh, 2020; Matic, 2015; Rajabi y Ketabi,

2012) muestran una preferencia por incluir temáticas englobadas dentro de esta tipología. Rajabi y Ketabi (2012) analizan cuatro LT para la enseñanza del inglés como L2-LE que estaban siendo usados en el momento del estudio en Irán: *Interchange, Headway, Top Notch, On your Mark*. Se centran en los textos escritos dejando a un lado las ilustraciones y otros elementos de tipo visual, las transcripciones de textos para la comprensión auditiva, las grabaciones y los objetos reales. Analizan el componente sociocultural partiendo de las cuatro perspectivas que proponen Adaskou, Britten y Fahsi (1990): (a) el sentido estético, equivalente a Cultura con C mayúscula (por ejemplo, medios de comunicación, cine, música popular o seria, literatura); (b) el sentido sociológico, asociado a cultura con c minúscula (por ejemplo, la familia, la vida en el hogar, relaciones interpersonales, trabajo, tiempo de ocio, costumbres e instituciones); (c) el sentido semántico, representado por conceptos que aparecen en el lenguaje y que condicionan las relaciones de tiempo, espacio, estados emocionales, colores, etc., y (d) el sentido pragmático, equiparable al conocimiento de fondo, destrezas sociales y destrezas paralingüísticas. Los resultados señalan que los ejemplos de cultura con c minúscula son más frecuentes que los de Cultura con C mayúscula. Asimismo, los autores concluyen que los otros dos sentidos, esto es, el semántico y el pragmático, no han sido descuidados en los LT examinados.

Matic (2015) analiza el componente sociocultural, específicamente la frecuencia de aparición de la Cultura con C mayúscula y la cultura con c minúscula en cuatro LT para la enseñanza del inglés como L2-LE a nivel universitario: *New Progress to Proficiency* (CUP, 2002), *Objective Proficiency* (CUP, 2002), *Proficiency Masterclass* (OUP, 2002) y *Advanced Gold* (Pearson Longman, 2001). Se selecciona un total de siete unidades procedentes de los cuatro LT. Las unidades están relacionadas directamente con los contenidos del curso que se imparte a alumnos de segundo año de carrera y que cursan un grado en estudios ingleses en la Facultad de Filología en Belgrado. Analiza aquellos aspectos socioculturales sobre el Reino Unido, EE.UU., Canadá y Australia dejando a un lado cualquier mención relacionada con la cultura de otros países. La autora parte de la identificación que Tomalin y Stempleski (1993, p. 6) proporcionan sobre Cultura con C mayúscula y cultura con c minúscula (véase definición aportada por ambos autores en el capítulo 1). Los resultados de la investigación muestran que en las siete unidades que habían sido seleccionadas los ejemplos de cultura con c minúscula son más abundantes que los relacionados con la Cultura con C mayúscula. Por un lado, en el caso de la Cultura con C mayúscula, las temáticas relacionadas con la literatura y la educación aparecían en un mayor número de ejemplos, mientras que las que hacían referencia a la historia apenas tenían cabida en las unidades que se analizan. Por otro, con respecto a la cultura con c minúscula, los ejemplos de contenido sociocultural clasificado bajo la etiqueta de valores, creencias y actitudes son los más frecuentes seguidos de los que se refieren a la vida diaria. Los ejemplos sobre comportamiento ritual son los que aparecen con menos frecuencia.

Baleghizadeh y Shayesteh (2020) examinan las representaciones socioculturales en tres de los LT más vendidos para la enseñanza de la gramática en inglés como L2 y que están siendo usados en universidades en Irán. Para ello, analizan las representaciones socioculturales organizándolas en cuatro categorías, esto es, productos, prácticas, perspectivas y personas (cf. Moran, 2001). Los productos y las prácticas coinciden con los conceptos de Cultura con C mayúscula y cultura con c minúscula, respectivamente, propuestos por Peterson (2004). Según este autor, la Cultura con C mayúscula incluye la literatura, la geografía, las cuestiones políticas, la arquitectura, la música clásica, las normas de la sociedad, los valores centrales, la base legal, la historia y los procesos cognitivos, mientras que la cultura con c minúscula abarca temas como los puntos de vista, las opiniones, los gustos o preferencias, el uso del espacio, las posturas del cuerpo, la comida, el estilo al vestir, las aficiones y la música popular. Los resultados señalan que la cultura con c minúscula está presente en un mayor número de ejercicios analizados seguida por la Cultura con C mayúscula, las perspectivas y, por último, las personas.

Al igual que en el caso de otras investigaciones descritas en este capítulo, los resultados en este apartado hay que tomarlos con cautela debido al número reducido de LT que se analizan y a las restricciones con respecto al contenido sociocultural que se ha tenido en cuenta, basándose únicamente, como es el caso de Rajabi y Ketabi (2012), en el material escrito de los LT.

## 4 La interculturalidad

Robinson (1985, p. 52) afirma que la investigación ha demostrado que el grado de comprensión de C2 depende en parte de los lazos que se establezcan entre la C1 y la C2. Dichos lazos se originan a través de la comparación, que busca establecer analogías entre ambas culturas, C1 y C2 (Robinson, 1985, p. 72), y el contraste, que se centra en las diferencias de ambos sistemas culturales. No obstante, y a pesar de la importancia de un análisis sistemático contrastivo para desarrollar la consciencia intercultural (Damen, 1987, p. 281), las diferencias entre la C1 y la C2 no se deben acentuar (Méndez García, 2005).

A través de la competencia comunicativa intercultural se puede dar respuesta a la multiplicidad de culturas del aula de L2 (Alptekin, 2002; Hyde, 1998; Widdowson, 1998). Para el desarrollo de la competencia comunicativa intercultural (Byram, 1997), uno de los pasos fundamentales consiste en el conocimiento acerca de la C1. En un mundo en el que ningún país actual sobrevive encerrado en sí, sino que necesita entrar en contacto constante con un gran número de naciones por motivos económicos, políticos, culturales, etc., las relaciones entre las distintas naciones deberían formar parte de materiales pedagógicos que aspiren a ser culturalmente exhaustivos. En el MCER (2001) los autores reconocen la importancia de lo intercultural y lo incluyen dentro de los saberes para el desarrollo de la competencia comunicativa como "consciencia intercultural":

> El conocimiento, la percepción y la comprensión de la relación entre el «mundo de origen» y el «mundo de la comunidad objeto de estudio» (similitudes y diferencias distintivas) producen una consciencia intercultural, que incluye, naturalmente, la conciencia de la diversidad regional y social en ambos mundos, que se enriquece con la conciencia de una serie de culturas más amplia de la que conlleva la lengua materna y la segunda lengua, lo cual contribuye a ubicar ambas en su contexto. Además del conocimiento objetivo, la consciencia intercultural supone una toma de conciencia del modo en que aparece la comunidad desde la perspectiva de los demás, a menudo, en forma de estereotipos nacionales. (MCER, 2002, p. 101)

En este documento se añade la competencia sociolingüística (MCER, 2002, pp. 116–119)[26], no obstante, queda reducida al tratamiento lingüístico de

---

26 Véase identificación de la misma en el capítulo 2. *El componente sociocultural en los documentos normativos para la enseñanza de L2.*

expresiones coloquiales, dichos populares y diferentes registros y variedades del español (Göbel y Helmke, 2010). Esto queda lejos de la concepción completa de hablante intercultural, es decir, persona que conoce, acepta y aprecia las diferencias culturales entre los participantes en un acto comunicativo (Raigón-Rodríguez, 2015). McKay (2003) añade que la inclusión de la C1 en LT para la enseñanza del inglés como L2 da al alumno no solo la oportunidad de aprender más sobre su C1, sino también el vocabulario que se necesita para discutir sobre esos mismos aspectos socioculturales en la L2.

Sin embargo, no será hasta comienzos del nuevo milenio cuando la tendencia a incluir aspectos interculturales se popularice (Hamiloglu y Mendi, 2010). El aprendiz tiene por delante la tarea de desarrollar la habilidad de observar e interpretar comportamientos culturales, así como comparar comportamientos, significados y discursos culturales procedentes de distintas lenguas y culturas (Abdallah-Pretceille, 2006; Liddicoat y Scarino, 2013; McConachy, 2018; Méndez García, 2003). Méndez García (2003) en su estudio de 14 LT para la enseñanza del inglés como L2, dirigidos a alumnos de Bachillerato y publicados entre 1991 y 1999, determina que existe una tendencia emergente a establecer comparaciones explícitas entre la C1 y la C2. No obstante, critica el hecho de que en tales comparaciones se resaltan las diferencias con respecto a las semejanzas (contrastes). La autora argumenta que los contrastes responden a un modelo de enseñanza que considera que hay que hacer hincapié en lo que es diferente entre ambas culturas, pues es ahí donde se originan los errores de aprendizaje. Sin embargo, Robinson (1985, p. 54) defiende que el aprendizaje cultural de la C2 depende en gran parte de los vínculos mentales que se creen entre la C1 y la C2 y que se apoyan en las analogías de ambas culturas.

Dervin y Liddicoat (2013) se hacen eco de lo expuesto por Méndez García (2003). Critican el hecho de que cuando se llevan a cabo contrastes interculturales, estos se rigen por una lógica objetivista-diferencialista, por medio de la cual las culturas no solamente son diferentes, sino que lo son de una manera irreconciliable. Este tipo de visión intercultural que se asienta en divisiones binarias del concepto 'cultura' a nivel nacional (por ejemplo, cultura individualista versus cultura colectivista), para explicar el comportamiento de los individuos que conforman una comunidad (Holliday, 2010), sin tener en cuenta la variabilidad individual y contextual (McConachy,

2018), otorgan una visión esencialista, esto es, reduccionista de las culturas (Abdallah-Pretceille, 2006). Del mismo modo, estas visiones binarias interculturales pueden acarrear caracterizaciones etnocéntricas y estereotipadas de las culturas. Así, en un estudio sobre cómo se enfrentan alumnos universitarios de inglés como L2 de nivel intermedio-alto en una prestigiosa universidad de Japón a incidentes culturales, McConachy (2018) concluye que los alumnos encuestados critican el hecho de que en el LT se asuma la normalidad de la cultura norteamericana mientras que la cultura japonesa se presenta como la causante de los incidentes culturales.

Con respecto a la tipología de actividades en las que aparecen los aspectos interculturales, Hamiloglu y Mendi (2010), en un estudio de cinco LT para la enseñanza del inglés como L2 publicados entre 1999 y 2005, encuentran que cuatro de los cinco LT contienen aspectos interculturales presentes mayormente en las lecturas y los ejercicios de comprensión auditiva. Amerian y Tajabadi (2020) en el análisis de la serie *New Headway* (4.ª edición, 2011, OUP) advierten de que los profesores encuestados confirman que en el 55 % de los casos los LT no ofrecieron a los estudiantes de L2 oportunidades para comparar y contrastar la C1 y la C2, y cuando lo hacen las comparaciones y los contrastes aparecen en secciones destinadas a la lectura y a la producción oral. Las preguntas en dichas secciones son de respuesta cerrada y no alientan al alumnado a especular sobre el origen y la razón que existen detrás de las semejanzas y diferencias culturales.

Sin embargo, las actividades centradas en la resolución de problemas para el contraste y comparación de diferentes culturas ayudarían al aprendiz de L2 a adoptar el papel del etnógrafo comparativo (Byram, 1991) al posicionarse en un tercer lugar[27] entre la C1 y la C2 (Kramsch, 1993). Asimismo, los diálogos interculturales se consideran ocasiones excelentes para presentar ejemplos de conflictos y malentendidos interculturales y pedir al alumno que llegue al entendimiento a través de la eliminación de prejuicios y escepticismo (Corbett, 2003). No obstante, la presencia de estos diálogos es casi inexistente en los LT de L2 (Amerian y Tajabadi, 2020) y, cuando se hallan, las conversaciones entre personas de diferentes países y razas que

---

27 Véase concepto de 'terceridad' (Kramsch, 1993) en el capítulo 3. *La enseñanza del componente sociocultural en L2.*

interactúan con nativos hablantes de la C2 no pasan de ser intercambios conversacionales que giran en torno a la rutina de los hablantes sobre temas turísticos. Del mismo modo, Alptekin (2002) resalta la necesidad de introducir diálogos entre nativos y no nativos, por un lado, y entre no nativos, por otro, para el desarrollo de la competencia comunicativa intercultural.

## 5 La influencia del neoliberalismo en la clase social

Numerosas y de diversa índole han sido las investigaciones acerca del contenido sociocultural de los LT de L2, tal y como atestiguan los apartados anteriores. No obstante, apenas se ha indagado acerca del contenido ideológico y su relación con el contexto político y económico en los materiales pedagógicos, especialmente en el caso de LT para la enseñanza del español como L2. Los estudios revelan la influencia ejercida por el individualismo y el consumismo en los materiales pedagógicos para la enseñanza del inglés (Babaii y Sheikhi, 2018; Bori, 2020; Chun, 2009; Gray, 2010b), del francés (Block y Gray, 2018), del catalán (Bori, 2018, 2019) y del español (Bori y Kuzmanovic Jovanovic, 2020; Morales-Vidal y Cassany, 2020) como L2.

A partir de la década de 1990, el neoliberalismo supuso un orden político, económico e ideológico nuevo a nivel mundial. La complejidad y dinamismo de un fenómeno como el neoliberalismo hace que no exista una única definición del mismo. Queda definido como un conjunto unificado de políticas o una ideología política (Larner, 2000), un proyecto económico, una ideología política y una fuerza irresistible y causal de una serie de resultados negativos (Prügl, 2015), que toma como valores centrales el individualismo, el emprendimiento y la responsabilidad (Dardot y Laval, 2014).

Según Harvey (2005), el neoliberalismo hace referencia tanto a las políticas económicas como a la ideología del capitalismo en los últimos cuarenta años. Las políticas económicas neoliberales se basan en la desregulación de los mercados, privatización del sector público, bajada de impuestos aplicable a las rentas más elevadas junto con un marco jurídico y político que da cobertura al libre comercio, la propiedad privada y el emprendimiento individual. Harvey (2005) añade que el neoliberalismo fue ideado por las altas esferas del poder económico mundial a partir de la crisis económica de los sesenta. La implementación de dichas políticas ha supuesto un aumento de las desigualdades sociales, que se han ido agravando con la crisis económica de 2007 (Block, 2018).

Las ideologías neoliberales se centran en el individuo priorizando, por tanto, la responsabilidad, la libertad del individuo además del discurso meritocrático. La carencia de recursos económicos y el paro no se interpretan como problemas sociales, sino que se achacan al fracaso individual, ya que cada persona, con su esfuerzo y méritos, es responsable de su propio ascenso socioeconómico (Dardot y Laval, 2014; Jones, 2016; Littler, 2018).

El neoliberalismo se puede ver reflejado en el discurso pedagógico presente en LT de L2, por ejemplo, en la clase social, el género, la raza, la orientación sexual, etc. En este apartado nos centraremos, en concreto, en la influencia que ejerce en la clase social.

En la década de 1980, el estudio de las sociedades a través de la clase social presente en los materiales pedagógicos se creía que obedecía a una postura reduccionista (Block, 2015). Esta postura venía determinada por la influencia del neoliberalismo y su énfasis en el individuo. No obstante, será a partir de la crisis económica de 2007 cuando empiezan a surgir investigaciones centradas en la clase social. Años antes, estudios como el de Auerbach y Burguess (1985) analizan 16 LT para la enseñanza del inglés como L2 de nivel principiante a nivel intermedio destinados a adultos inmigrantes que acaban de llegar a EE.UU., publicados entre 1975 y 1985. En concreto, estos LT no solo reflejan el enfoque comunicativo por medio del cual se le presta más atención al uso de la lengua que a la gramática, sino que igualmente tienen como objetivo primordial dotar a los inmigrantes recién llegados de las habilidades que les permitan funcionar en el nuevo país. Asimismo, estos materiales pedagógicos se caracterizan por estar centrados en el alumno y por basarse en situaciones reales. Los autores examinan estos LT para investigar hasta qué punto cumplen con el objetivo de reflejar una realidad situacional y comunicativa. Parte de los resultados indica que existe una serie de limitaciones en los LT analizados al no tener en cuenta las condiciones socioeconómicas de los inmigrantes recién llegados, ya que estos materiales reflejan el estatus económico, la cultura y los valores de la clase media. A modo de ejemplo, señalan un diálogo en el que se describe a un alumno pasando el día libre jugando al golf. El LT no tiene en cuenta el hecho de que el golf es un deporte específico de una clase social concreta.

Por tanto, este tipo de situaciones no plasman la realidad de los estudiantes a los que van dirigidos estos materiales pedagógicos.

Gray y Block (2014) analizan ocho LT publicados por editoriales británicas entre 1970 y 2009, dos LT por cada década, de nivel intermedio, y dirigidos a adultos jóvenes y a adolescentes. Examinan la presencia de la clase trabajadora en estos LT a través de (a) los personajes, (b) las referencias a trabajos propios de la clase trabajadora y (c) temas que representan experiencias de esta clase social. Concluyen que, al igual que en otros estudios (cf. Sleeter y Grant, 2011), en estos LT la clase social como institución recibe un tratamiento superficial junto con un declive progresivo de la clase trabajadora, lo cual se plasma en la menor presencia de personajes, trabajos y temas relacionados con esta conforme el año de publicación del LT se acerca a la primera década el s. XXI.

En el caso de la enseñanza de LT de español como L2, Bori y Kuzmanovic Jovanovic (2020) examinan la representación discursiva de la clase social en dos colecciones de LT de español como L2, destinados a adultos y con fines generales. La primera colección, *Español en directo*, consta de cinco LT publicados entre 1974 y 1977. Tuvo una gran divulgación debido en parte a que en los setenta había pocos LT de español como L2. En cambio, la segunda colección, *Nuevo Prisma*, contiene cuatro LT publicados entre 2013 y 2015 y coincide con un momento de amplia oferta de LT de español como L2. La elección de ambas colecciones viene motivada por la posibilidad de compararlas al pertenecer la primera a una etapa anterior al periodo neoliberal y la segunda por estar publicada en plena consolidación de dicho periodo. Los resultados del análisis señalan que en la primera colección la sociedad está dividida en dos clases en conflicto, la clase trabajadora y la capitalista. Igualmente, y a pesar de estar publicada dentro del marco del capitalismo, la primera colección tiene influencias marxistas no solo a través de la lucha de clases, sino también por medio de la explotación que lleva a cabo el capitalismo. En el caso de la segunda, abunda el discurso meritocrático a través del cual se ignora la existencia actual de una sociedad de clases. El ascenso social se consigue a través del empeño y talento del individuo sin importar la situación socioeconómica de la que parta. Las injusticias estructurales del capitalismo parecen ser aceptadas por la sociedad neoliberal, teniendo en cuenta que cada persona es responsable de su propio éxito (Littler, 2018).

Morales-Vidal y Cassany (2020) analizan cinco LT para la enseñanza del español con fines generales, cuatro LT destinados a adultos y un LT para adolescentes, publicados entre 2010 y 2018 por cuatro de las editoriales con mayor presencia en el mercado editorial español, esto es, Difusión, Edelsa, Edinumen, EnClave y SGEL. Tres de los LT analizados son de nivel inicial (A1–A2) y dos de los LT de nivel intermedio (B1). Entre las variables que investigan está la clase social desde el punto de vista de la profesión, la formación, el ocio, el entorno, el estilo de vida y el aspecto personal. Concluyen que los LT estudiados no reflejan la diversidad de clases. Por un lado, la clase más representada es la media-alta con profesiones cualificadas que les reportan elevados ingresos, con trabajos que pertenecen mayormente al sector servicios, viven en el centro de núcleos urbanos, visten bien, de manera informal y se pueden permitir vacaciones o espacios de ocio. Por otro, la clase trabajadora es la que aparece con menos frecuencia. Asimismo, la precariedad laboral o los trabajos con escasos ingresos casi se ignoran. Según Morales-Vidal y Cassany (2020), esta visión simplista, complaciente, convencional, parcializada y alejada de una realidad compleja y diversa puede estar motivada por intereses comerciales y pedagógicos. En el primer caso la neutralidad forzada de los LT ayudaría a que esos materiales se pudieran comercializar en el mayor número de países y comunidades posibles, ya que cualquier situación socioeconómica y/o política que sea provocadora puede conllevar un descenso en las ventas (Luke, 1988). En el segundo caso, la falta de contextos reales ayudaría al alumno a centrarse en las cuestiones de la lengua en sí, es decir, gramática, pronunciación, léxico, etc. (Canale, 2016).

# Capítulo 5. Análisis del componente sociocultural en una selección de libros de texto para la enseñanza del español como L2

**Resumen:** En este capítulo se presentan los objetivos y los resultados del estudio acerca del componente sociocultural en nueve LT para la enseñanza del español como L2 con fines generales, destinados a adultos y adultos jóvenes, publicados a lo largo de una década, esto es, 2008–2018, por editoriales españolas de gran presencia en el mercado editorial y pertenecientes a tres niveles de lengua: inicial, intermedio y avanzado. Se diseñan tres categorías junto con los criterios de análisis de cada una de ellas para investigar si el enfoque sociocultural en los LT que forman parte del estudio (a) está bien fundamentado e informado, (b) está bien organizado y estructurado, (c) contiene diversidad o, en cambio, es selectivo y homogéneo y (d) está influido por el año de publicación y el nivel del LT. En el análisis se tienen en cuenta todas las unidades del LT excepto la unidad introductoria y la de repaso, en caso de que acompañen al LT.

**Palabras clave:** fundamentación, organización, estructura, diversidad, nivel de lengua, año de publicación

En lo concerniente al análisis de materiales pedagógicos se distingue entre aquellos estudios que persiguen indicar la idoneidad de los materiales que se van a usar en el aula, teniendo estos estudios un carácter normativo, y aquellos estudios con fines de investigación y que poseen una naturaleza descriptiva (Risager, 1998; Risager y Chapelle, 2013).

En general, y haciendo un recorrido por el análisis de LT para la enseñanza y el aprendizaje de L2, se podría distinguir tres periodos (Corti, 2019). El primer periodo daría comienzo a partir de 1960 coincidiendo con el auge de la enseñanza del inglés como L2 de forma obligatoria a escala internacional. El análisis consistía en comprobar si los elementos que forman parte de las llamadas "check lists", es decir, listas de control o listas de criterios normativos estaban presentes en los LT estudiados, con el fin de posibilitar la elección de los mismos. A través de los elementos que componían las listas de control se pretendía conseguir cierta sistematización de las características esenciales que debían estar presentes en los LT, pues en estas aparecían no solo los objetivos que se pretendían alcanzar, sino también los recursos disponibles para poder lograrlos.

El segundo periodo se iniciaría a partir de 1980 coincidiendo con la visión del binomio lengua y cultura como un todo indisociable que se equipararía al concepto de 'nación'. En esta década la presencia de la interculturalidad en los LT resulta ser bastante escasa (Cicala, 2016), no reflejando así lo que viene determinado por los currículos. Autores como Níkleva (2012) denuncian la dificultad existente para poner en práctica el concepto de 'interculturalidad' en los LT de L2, teniendo en cuenta el carácter esencialista de este tipo de asociaciones, dejando al profesor la responsabilidad de adaptar los materiales para cumplir con los objetivos interculturales (Ruiz San Emeterio, 2004).

El tercer periodo comienza a partir de 1990. Este periodo se caracteriza por el análisis de materiales pedagógicos que no se basa en un marco normativo, sino que se centra en identificar los contenidos que realmente aparecen en los LT para la enseñanza y el aprendizaje de L2. Es en esta década cuando los LT de L2 se tratan como portadores no solo de lengua, sino también de cultura (Apple, 1992; Provenzo et al., 2011).

En el caso del español como L2, apenas existen investigaciones sobre la enseñanza y el aprendizaje del componente sociocultural en programas y materiales de clase para la enseñanza de este como L2 (cf. Arizpe y Aguirre, 1987; Bori y Kuzmanovic Jovanovic, 2020; Corti, 2019; Elissondo, 2001; Gil Bürmann y León Abío, 1998; Illescas García, 2016; Morales-Vidal y Cassany, 2020; Níkleva, 2012; Pinnix, 1990; Ramírez y Hall, 1990; Robles Ávila y Palmer, 2020; Williams, 1978, etc.), quedando así justificada la presente investigación. Asimismo, la investigación que se presenta a continuación quedaría englobada dentro de los estudios sobre materiales pedagógicos con fines de investigación y, por tanto, de naturaleza descriptiva y no normativa, dentro del periodo que da comienzos a partir de 1990, caracterizado por identificar los contenidos que se hallan en los LT de L2, prescindiendo de las listas de control.

# 1 Objetivos

Este estudio analiza la dimensión sociocultural en LT de español como L2 procedentes de diferentes niveles de lengua y años de publicación. En concreto se centra en lo siguiente:

1. analizar si el enfoque sociocultural en los LT seleccionados está bien fundamentado e informado;
2. analizar si el enfoque sociocultural en los LT seleccionados está organizado y estructurado;
3. evaluar si los contenidos socioculturales en los LT seleccionados contienen la amplitud geopolítica del mundo/comunidad hispanohablante;
4. evaluar si los contenidos socioculturales en los LT seleccionados reflejan la diversidad humana y social del mundo de habla hispana según las siguientes variables: grupos de edad, clase social y entorno/medio físico;
5. analizar si los contenidos socioculturales en los LT seleccionados contienen información (simplificada) que identifique los diversos usos sociolingüísticos de la lengua española en el presente, esto es, uso nacional como L1, uso intranacional como L2-SL y uso internacional como lengua franca;
6. partiendo de los objetivos 3, 4 y 5, determinar si el tratamiento dado a los contenidos socioculturales en los LT seleccionados tiende a ser diversificado, o, en cambio, selectivo y homogéneo;
7. teniendo en cuenta los resultados de los objetivos anteriores (1–5), investigar si el año de publicación y el nivel del LT influyen en el tratamiento que se les da a los contenidos socioculturales de los LT seleccionados.

# 2 Metodología de trabajo

## 2.1 Criterios de selección de los libros de texto

La muestra contiene nueve LT para la enseñanza del español como L2 con fines generales con las siguientes características:

(a) Los LT debían estar dirigidos a adultos jóvenes (17–19 años) y adultos (20 años en adelante).
(b) Los LT debían haber sido publicados por editoriales españolas con gran peso en el mercado editorial.

(c) Los LT debían haber sido publicados en un periodo de 10 años, es decir, entre 2008–2018, con el fin de estudiar si ha habido algún tipo de evolución en el tratamiento de los aspectos socioculturales en la enseñanza del español como L2 en estos LT. Hay que aclarar que se tuvo en cuenta la fecha de la última edición del LT y no la de reimpresión.

(d) Se seleccionaron tres LT publicados al comienzo del periodo que se analiza, es decir, 2008, tres LT publicados en un periodo intermedio, esto es, 2012–2014, y tres LT publicados en 2018, último año de dicho periodo.

(e) Se incluyeron tres LT por cada nivel analizado, esto es, inicial, intermedio y avanzado.

## 2.2 Identificación de los libros de texto

En la Tabla 1 aparecen los nueve LT que forman parte del estudio clasificados según el nivel de lengua al que pertenecen y el año de publicación. Asimismo, se incluye la editorial que los publica y la identificación del LT tal y como aparecerá en el texto.

Quisiera expresar mi agradecimiento a las editoriales que accedieron a donar los LT para la investigación. Me gustaría dejar constancia de mi sorpresa ante el hecho de que ninguna de las editoriales que participó en este estudio con la donación de material pedagógico mostró interés en conocer los resultados de la investigación acerca del tratamiento dado al componente sociocultural en los LT, no solo en lo que concierne a los aspectos positivos, sino también a los negativos, junto con las posibles mejoras futuras en el diseño de estos materiales.

## 2.3 Elaboración de categorías y criterios de análisis

Una de las cuestiones que hay que tener en cuenta en la medición de cualquier aspecto es la "validez" y "fiabilidad" de la investigación. En esta investigación se han tenido en cuenta las limitaciones y debilidades de estudios anteriores sobre el componente sociocultural en LT para la enseñanza de L2, tales como Abello-Contesse (1997), Abello-Contesse y López-Jiménez (2010), Clarke y Clarke (1990), Clavel-Arroitia y Fuster-Márquez (2014), Lam (2009), Liu (2013), Masuhara et al., (2008), Pinnix (1990),

**Tabla 1.** Identificación del LT

| Título y Autores | Nivel | Año de publicación | Editorial | Identificación |
|---|---|---|---|---|
| *Nuevo Curso de Español para Extranjeros* Autores: Virgilio Borobio | Inicial | 2008 | SM | LT Inicial 2008 |
| *Nuevo Avance* Concha Moreno, Victoria Moreno, Piedad Zurita | Inicial | 2013 | SGEL | LT Inicial 2013 |
| *Nuevo Español en Marcha* Francisca Castro, Ignacio Rodero, Carmen Sardinero | Inicial | 2018 | SGEL | LT Inicial 2018 |
| *Prisma Avanza B2* Gloria M.ª Caballero et al. | Intermedio | 2008 | Edinumen | LT Intermedio 2008 |
| *Abanico* M.ª Dolores Chamorro et al. | Intermedio | 2014 | Difusión | LT Intermedio 2014 |
| *Método B2* Salvador Peláez Santamaría et al. | Intermedio | 2018 | Anaya | LT Intermedio 2018 |
| *A Fondo 2* M.ª Luisa Coronado, Javier García, Alejandro Zarzalejos | Avanzado | 2008 | SGEL | LT Avanzado 2008 |
| *Dominio* Dolores Gálvez, Natividad Gálvez, Leonor Quintana | Avanzado | 2012 | Edelsa | LT Avanzado 2012 |
| *¡A Debate!* Javier Muñoz-Basols, Elisa Gironzatti, Yolanda Pérez | Avanzado | 2018 | Edelsa | LT Avanzado 2018 |

Rajabi y Ketabi (2012), Ramírez y Hall (1990), Sadeghi y Sepahi (2017), Sercu (2000b), Tomlinson et al., (2001) y Yuen (2011).

Se han diseñado tres categorías para el análisis y evaluación de los LT seleccionados:

Categoría 1: ¿En qué medida el enfoque sociocultural que aparece en el LT está bien fundamentado e informado?

Categoría 2: ¿En qué medida el enfoque sociocultural que aparece en el LT está bien organizado y estructurado?

Categoría 3: ¿En qué medida el enfoque sociocultural que aparece en el LT es diversificado?

*Categoría 1: ¿En qué medida el enfoque sociocultural que aparece en el LT está bien fundamentado e informado?*

La categoría 1 consiste en los diez criterios que aparecen más abajo (véase igualmente Tabla 2) y que se analizaron teniendo en cuenta la presencia de los mismos indicada en porcentajes en las unidades que componen los LT, excepto en el caso del criterio (b), que se computó teniendo en cuenta el número de páginas en el que estaba presente. Para los criterios (e) y (f), los porcentajes se calcularon contabilizando la presencia en las unidades que contenían actividades interculturales, esto es, un enfoque dual basado en las comparaciones y los contrastes de la C1 y la C2. La razón por la que se prefirió hacer el cómputo de la presencia de cada criterio en porcentajes, y no siguiendo una escala de valores, se halla en el hecho de que los porcentajes arrojarían más información que la escala en sí.

(a) El LT integra aspectos socioculturales de la Cultura con C mayúscula y aspectos de la cultura con c minúscula.

(b) Presencia de aspectos socioculturales de la Cultura con C mayúscula y la cultura con c minúscula.

(c) El LT incluye enfoques simplistas y/o superficiales para la enseñanza del componente sociocultural.

(d) El LT incluye un enfoque dual sobre las semejanzas y las diferencias entre la C1 y la C2.

(e) El LT incluye actividades interculturales para la comprensión lectora y la comprensión auditiva basada en aspectos de la C2 seguidos del equivalente en la C1.

(f) El LT incluye actividades diseñadas para producir textos orales o escritos basados en la C2 y la C1.

(g) El LT contiene oportunidades para conocer las diferencias verbales y no verbales en la comunicación intercultural.

(h) El LT proporciona oportunidades para conocer estrategias que permitan tratar esas diferencias en la comunicación intercultural de manera no etnocéntrica o libre de prejuicios.

(i) El LT incluye información simplificada sobre la comunicación intercultural verbal y no verbal procedente de la antropología, psicología social o los negocios internacionales (especialmente en niveles más avanzados).

(j) El LT contiene conceptos y términos culturales clave definidos y/o ejemplificados, y/o ilustrados.

*Categoría 2: ¿En qué medida el enfoque sociocultural que aparece en el LT está bien organizado y estructurado?*

La categoría 2 está compuesta por los siete criterios que se enuncian más abajo. Se han medido de acuerdo con la siguiente escala: 1= no, 2= parcialmente, 3 =sí, N/P = no procede (véase Tabla 3). En caso de que la presencia de algún criterio quede evaluada como "parcialmente", se proporcionará el porcentaje de unidades en el que está presente.

(a) ¿Se identifican los contenidos socioculturales de forma explícita en el índice?

(b) A juzgar por la información que aparece en el índice, ¿existe una estructura razonablemente estable en el tratamiento de los aspectos socioculturales?

(c) ¿Aparecen las ilustraciones junto al contenido sociocultural y/o las actividades que se incluyen?

(d) Si es así, ¿tienden a ser pedagógicamente apropiadas (por ejemplo, se relacionan directamente con el contenido)?

(e) ¿Tiene el enfoque sociocultural una cobertura miscelánea o una cobertura poco estructurada?

(f) ¿Hay ejemplos de desarrollo gradual/apropiado de los contenidos socioculturales?

(g) ¿Existen secciones regulares dedicadas al desarrollo de la consciencia intercultural?

*Categoría 3: ¿En qué medida el enfoque sociocultural que aparece en el LT es diversificado?*

La categoría 3 contiene 17 criterios que se enumeran a continuación (véase igualmente Tabla 4). Se han medido siguiendo la misma escala que en el caso de la categoría 2, esto es, 1= no; 2= parcialmente, 3 =sí, N/P = no procede, excepto en los subcriterios en los que se divide el criterio (ñ). Para este último, la presencia de los mismos se ha cuantificado con porcentajes. De igual manera, hay que aclarar que, con respecto a la presencia de países de habla hispana, en el análisis no se han computado aquellos que solamente se mencionan en el LT. En lo concerniente a la cobertura de contenidos socioculturales sobre países de habla hispana, se ha distinguido entre cobertura detallada y cobertura mínima. Un país hispanohablante se considera que se ha cubierto de forma detallada en un LT siempre y cuando la información textual sobre el mismo ocupe una extensión igual o superior a la de una página, ya esté concentrada en una página o a lo largo del LT, con independencia de la información gráfica con la que vayan acompañados. Por el contrario, los contenidos socioculturales de un país hispanohablante se cubren mínimamente, si la información textual de dichos contenidos abarca menos de una página en una unidad o a lo largo de las unidades del LT. Por último, se tomó la decisión de que para considerar que existe presencia de comunidad hispanohablante internacional el LT debe contener información sociocultural (detallada o mínima) de al menos tres países hispanohablantes. Este criterio es bastante moderado, pues no supone ni siquiera la mitad de los países que componen el mundo hispano.

(a) Si se cubren contenidos socioculturales sobre los países hispanohablantes, ¿se centra normalmente el LT en España o incluso en un área geográfica principal de este país?

(b) ¿Se centra el LT en varios (tres o más) países hispanohablantes?

(c) ¿Cubre el LT dos o más países hispanohablantes de pasada?

(d) Si el LT incluye información sobre otros países hispanohablantes, ¿se refiere a la idea de una comunidad de habla hispana internacional, pluralista y heterogénea?

(e) Si es así, ¿el concepto de un "mundo/comunidad hispanohablante" se identifica de forma explícita?

(f) ¿El concepto de un "mundo/comunidad hispanohablante" solo se insinúa?

(g) Ninguna de las dos opciones anteriores (e y f) se adecuan.

(h) ¿Refleja el enfoque sociocultural una perspectiva etnocéntrica centrada en solo uno o dos países hispanohablantes?

(i) ¿Refleja el enfoque sociocultural una perspectiva levemente tendente al etnorrelativismo centrada en tres o cuatro países hispanohablantes?

(j) ¿Refleja el enfoque sociocultural una perspectiva etnorrelativa —pluralista y heterogénea— centrada en cinco o más países hispanohablantes?

(k) ¿Se hace una distinción práctica (por ejemplo, pedagógica) entre los países en los que el español se habla como primera lengua (L1) y aquellos en los que se usa como segunda lengua (L2-SL)?

(l) ¿Se hace mención del uso del español como lengua franca?

(m) ¿La información cultural —tanto textual como gráfica— sobre países de habla hispana es lo suficientemente pluralista y diversificada?

(n) ¿Existen ejemplos de población de países hispanohablantes que están infrarrepresentados mientras que otros aparecen sobrerrepresentados?

(ñ) Segmentos/grupos de población infrarrepresentados/ sobrerrepresentados:

Edad: tercera edad (65 años en adelante)

Edad: adultos (20–64 años) y adultos jóvenes (17–19 años)

Edad: adolescentes (12–16 años)

Edad: niños (4–11 años)

Edad: bebés (0–3 años)

Clase socioeconómica: media/media-alta

Clase socioeconómica: trabajadora/obrera

Clase socioeconómica: personas/grupos de escasos ingresos

Entorno: urbano

Entorno: rural

(o) ¿Cubre el LT (de forma escrita o visual) la realidad de los desfavorecidos en España y/u otros países hispanohablantes?

(p) ¿Se tratan temas polémicos y/o actuales pertenecientes a España/otros países hispanohablantes?

## 2.4 Material analizado

El estudio analiza cada una de las unidades del libro del alumno. No obstante, habría que aclarar lo siguiente:

(a) El libro de ejercicios se ha excluido del estudio, pues normalmente este se usa como refuerzo de los contenidos y la práctica que aparecen en el LT. Por tanto, el análisis de este material resultaría poco esclarecedor debido a la escasa o falta de información nueva sobre el tratamiento dado al contenido sociocultural que puede aportar.
(b) Excepto en el caso de la categoría 2, criterio (e) (véase Tabla 3), solamente se han analizado los contenidos socioculturales relacionados con el mundo hispano.
(c) Se han tenido en cuenta no solo las secciones explícitas, en caso de que existan, sobre contenidos socioculturales a lo largo de las distintas unidades del LT, sino también cualquier contenido que se halle fuera de las mismas y que sea susceptible de proporcionar información sociocultural sobre la C2 y/o la C1.
(d) No se ha analizado el contenido sociocultural que aparece identificado como tal en el índice y que no estaba relacionado con una cultura concreta, sino que más bien podría pertenecer a cualquier C2. Por ejemplo, en el LT Avanzado, 2008, en concreto, en las unidades 7 y 8, la información sobre las tribus urbanas y dietas bien conocidas, respectivamente, no se ha tenido en cuenta en el análisis de los contenidos socioculturales de los LT.
(e) No se han tenido en cuenta la unidad introductoria y la de repaso que aparecen en algunos de los LT analizados.
(f) La información sociocultural contenida en el apéndice que acompaña a algunos de los LT incluidos en este estudio se tuvo en cuenta. Dicha información se evaluó como parte del material de la unidad a la que hace referencia y no como una unidad más.

## 3 Resultados

**Categoría 1: ¿En qué medida el enfoque sociocultural que aparece en el LT está bien fundamentado e informado?**

Con respecto a la categoría 1 (véase Tabla 2), el enfoque sociocultural está bien fundamentado e informado pues (a) el 100 % de los LT integran tanto aspectos socioculturales pertenecientes a la cultura con C mayúscula como aspectos procedentes de la cultura con c minúscula y (b) el 100 % de los LT posee un enfoque dual por medio del cual se comparan y se contrastan los contenidos de la C1 y la C2.

Por el contrario, el enfoque sociocultural presente en los LT examinados no está bien fundamentado e informado debido a lo siguiente: (a) no se evitan los enfoques simplistas y/o superficiales en la enseñanza de la C2; (b) apenas se presentan ocasiones para hacer consciente al aprendiz de las diferencias verbales y no verbales en la comunicación entre la C1 y la C2; (c) en raras ocasiones se le proporciona al aprendiz estrategias para hacer frente a dichas diferencias evitando juicios de valor, y posturas etno-céntricas; (d) información simplificada procedente de disciplinas como la antropología, psicología, negocios internacionales sobre la comunicación intercultural verbal y no verbal es casi inexistente y (e) no se aportan defi-niciones o ejemplos de conceptos culturales clave.

Aspectos socioculturales pertenecientes a la cultura con C mayúscula y la cultura con c minúscula están presentes en el 100 % de los LT examinados, en concreto, en el 46.39 % de las unidades. Algo más de la mitad de los LT, esto es, el 55.5 % contiene un número bastante equilibrado de páginas con información sociocultural sobre la Cultura con C mayúscula y la cultura con c minúscula. El 22.2 % de los LT (LT Intermedio, 2018 y LT Avan-zado, 2018) enfatizan claramente la cultura con c minúscula mientras que el otro 22.2 % restante (LT Intermedio, 2014 y LT Avanzado, 2012) hacen hincapié en la cultura con C mayúscula. Entre los ejemplos pertenecientes a la Cultura con C mayúscula que se hallan en los LT analizados figuran los siguientes: textos sobre escritores españoles, el sistema de salud espa-ñol, características de la lengua española, el origen del nombre Argentina, las lenguas oficiales en el mundo hispanohablante, la historia de los incas, etc. Por otro lado, entre los ejemplos de cultura con c minúscula presentes en los LT del estudio se encuentran: la cultura de las tapas y pinchos, los gestos en el mundo hispano, los tres Reyes Magos, dormir la siesta, bailes caribeños, etc.

Los enfoques simplistas, a excepción del LT Intermedio, 2014 y del LT Avanzado, 2018, están presentes en el 77.7 % de los LT. Estos LT contienen al menos uno de los siguientes enfoques (Omaggio Hadley, 1993):

(a) el enfoque de las *4 Fs* (*folk dances, festivals, fairs* y *food*) [bailes folclóricos, fiestas, ferias y comida];
(b) el enfoque *Frankestein*, por medio del cual temas muy diferentes tienen cabida en las distintas unidades del LT sin que haya una relación aparente entre ellos;
(c) el enfoque *By-the-way* contiene distintos tipos de información que contrastan entre ellas;
(d) el enfoque *Guía del turista* que se centra en momentos históricos y monumentos arquitectónicos conocidos en áreas urbanas.

En el LT Inicial, 2013, aparecen ejemplos de los enfoques *4 Fs* (Carnaval en Cádiz y Santo Domingo, la paella, la dieta mediterránea y los tres Reyes Magos, etc.) y *By-the-way* (contraste entre la vida en el campo y la ciudad).

En cuanto a la presencia de un enfoque dual basado en las semejanzas y diferencias entre contenidos socioculturales de la C1 y la C2 que permitan a los alumnos deshacerse de ideas etnocéntricas, estereotipadas y esencialistas, el 100 % de los LT contiene este enfoque. Sin embargo, hay que aclarar que algo menos de la mitad de los LT, esto es, un 44.4 % de los mismos, ofrece escasas oportunidades para comparar y contrastar la C1 y la C2 en las unidades de dichos LT, tal y como se puede observar en la Tabla 2, en concreto, en los LT Intermedio, 2014 = 8.33 %; LT Avanzado, 2012 =10 %; LT Inicial, 2008 =20 % y LT Inicial, 2013 = 33.3 %.

Un 77.5 % de las unidades que contienen un enfoque dual lo llevan a cabo a través de actividades de comprensión lectora o comprensión auditiva (destrezas receptivas) que contienen textos y preguntas relacionadas con la información sociocultural de la C2 y a las que les siguen preguntas que demandan información sobre la C1 que el alumno debe aportar. Del mismo modo, el 82.5 % de las unidades con enfoque dual incluyen actividades diseñadas para producir de forma oral o escrita (destrezas activas) información basada en la comparación y el contraste de los aspectos socioculturales de la C1 y la C2. En el caso del LT Avanzado, 2018, los autores instan a lo largo del LT a que el alumno aporte la información relativa a los aspectos socioculturales de la C1 en un apartado titulado "Ahora tú".

En lo que a la interculturalidad y la comunicación se refiere, el 77.7 % de los LT (LT Inicial, 2013; LT Inicial, 2018; LT Intermedio, 2008; LT Intermedio, 2014; LT Intermedio, 2018; LT Avanzado, 2008; LT Avanzado, 2018) ofrecen a los alumnos oportunidades para hacerlos conscientes de la existencia de diferencias verbales y no verbales en la comunicación intercultural, aunque solo tiene lugar en un 10.3 % del total de unidades analizadas. Una vez más, en aquellas unidades en las que aparecen diferencias (verbales y no verbales) en la comunicación intercultural, es el alumno quien tiene que aportar la información relativa a la comunicación intercultural procedente de la C1. Asimismo, hay que aclarar que los LT estudiados apenas ofrecen estrategias para tratar las diferencias interculturales, esto es, la C1 y la C2, y evitar perspectivas etnocéntricas en la comunicación intercultural, ya que dichas estrategias están presentes tan solo en un 2.06 % del total de unidades. Por ejemplo, en el LT Intermedio, 2008, al alumno se le introduce al uso de llamadas perdidas hechas con un móvil en España para indicar a otras personas que hemos llegado a un lugar determinado. El uso de llamadas perdidas fue frecuente en España cuando no existían las tarifas planas para las llamadas realizadas con móviles y/o el uso de la aplicación WhatsApp.

Solamente un 11.1 % de los LT, esto es, 1.03 % de las unidades analizadas, incluyen información simplificada sobre la comunicación intercultural verbal y no verbal procedente de disciplinas como los negocios internacionales. En este caso, el LT describe las principales características de una negociación en el África Subsahariana. Los autores del LT requieren que el alumno, en cambio, ofrezca información sociocultural que habría que tener en cuenta en una negociación en España, tales como el concepto de 'colectivismo' (versus 'individualismo') y el estilo directo (versus estilo indirecto) además de ciertos gestos. Por último, añadir que ninguno de los LT analizados, incluso los LT de nivel avanzado, contienen definiciones, ejemplos e ilustraciones de conceptos culturales clave tales como 'cultura', 'aculturación', 'etnocentrismo' y 'estereotipo', etc.

Tabla 2. Categoría 1

| ¿En qué medida el enfoque sociocultural que aparece en el LT está bien fundamentado e informado? | INICIAL | | | INTERMEDIO | | | AVANZADO | | | % de UNIDADES |
|---|---|---|---|---|---|---|---|---|---|---|
| | LT Inicial 2008 | LT Inicial 2013 | LT Inicial 2018 | LT Intermedio 2008 | LT Intermedio 2014 | LT Intermedio 2018 | LT Avanzado 2008 | LT Avanzado 2012 | LT Avanzado 2018 | |
| (a) El LT integra aspectos socioculturales de la Cultura con C mayúscula y aspectos de la cultura con c minúscula. | 40 % (6/15) | 66.6 % (6/9) | 40 % (4/10) | 75 % (9/12) | 33.3 % (4/12) | 50 % (5/10) | 55.5 % (5/9) | 20 % (2/10) | 40 % (4/10) | 46.3 % (45/97) |
| (b) Presencia de aspectos socioculturales de la Cultura con C mayúscula y la cultura con c minúscula. | Cultura con C 8.06 % (12.9/160) cultura con c 8.4 % (13.5/160) | Cultura con C 4.62 % (8.6/186) cultura con c 5.05 % (9.4/186) | Cultura con C 4.2 % (6.4/150) cultura con c 4.6 % (6.9/150) | Cultura con C 11.06 % (20.7/187) cultura con c 11.28 % (21.1/187) | Cultura con C 11.21 % (24.9/222) cultura con c 4.14 % (9.2/222) | Cultura con C 2.3 % (5.5/239) cultura con c 7.65 % (18.3/239) | Cultura con C 11.65 % (29.6/254) cultura con c 12.71 % (32.3/254) | Cultura con C 18.75 % (34.5/184) cultura con c 2.06 % (3.8/184) | Cultura con C 8.59 % (14.7/171) cultura con c 17.42 % (29.8/171) | Cultura con C 8.9 % Páginas del LT (157/1753) cultura con c 8.2 % Páginas del LT (144/1753) |
| (c) El LT incluye enfoques simplistas y/o superficiales para la enseñanza del componente sociocultural. | 13.3 % (2/15) | 55.5 % (5/9) | 50 % (5/10) | 33.3 % (4/12) | 0 % (0/12) | 70 % (7/10) | 11.1 % (1/9) | 20 % (2/10) | 0 % (0/10) | 26.8 % (26/97) |

| ¿En qué medida el enfoque sociocultural que aparece en el LT está bien fundamentado e informado? | INICIAL | | | INTERMEDIO | | | AVANZADO | | | % de UNIDADES |
|---|---|---|---|---|---|---|---|---|---|---|
| | LT Inicial 2008 | LT Inicial 2013 | LT Inicial 2018 | LT Intermedio 2008 | LT Intermedio 2014 | LT Intermedio 2018 | LT Avanzado 2008 | LT Avanzado 2012 | LT Avanzado 2018 | |
| (d) El LT incluye un enfoque dual sobre las semejanzas y las diferencias entre la C1 y la C2. | 20 % (3/15) | 33.3 % (3/9) | 50 % (5/10) | 66.6 % (8/12) | 8.33 % (1/12) | 70 % (7/10) | 66.6 % (6/9) | 10 % (1/10) | 60 % (6/10) | 41.2 % (40/97) |
| (e) El LT incluye actividades interculturales para la comprensión lectora y la comprensión auditiva basada en aspectos de la C2 seguidos del equivalente en la C1. | 100 % (3/3) | 100 % (3/3) | 40 % (2/5) | 50 % (4/8) | 100 % (1/1) | 85.7 % (6/7) | 100 % (6/6) | 100 % (1/1) | 83.3 % (5/6) | 77.5 % (31/40) |
| (f) El LT incluye actividades diseñadas para producir textos orales o escritos basados en la C2 y la C1. | 100 % (3/3) | 100 % (3/3) | 80 % (4/5) | 50 % (4/8) | 100 % (1/1) | 85.7 % (6/7) | 100 % (6/6) | 100 % (1/1) | 83.3 % (5/6) | 82.5 % (33/40) |

(continúa)

**Tabla 2.** Continúa

| ¿En qué medida el enfoque sociocultural que aparece en el LT está bien fundamentado e informado? | INICIAL | | | INTERMEDIO | | | AVANZADO | | | % de UNIDADES |
|---|---|---|---|---|---|---|---|---|---|---|
| | LT Inicial 2008 | LT Inicial 2013 | LT Inicial 2018 | LT Intermedio 2008 | LT Intermedio 2014 | LT Intermedio 2018 | LT Avanzado 2008 | LT Avanzado 2012 | LT Avanzado 2018 | |
| (g) El LT contiene oportunidades para conocer las diferencias verbales y no verbales en la comunicación intercultural. | 0 % (0/15) | 11.1 % (1/9) | 10 % (1/10) | 25 % (3/12) | 8.33 % (1/12) | 10 % (1/10) | 22.2 % (2/9) | 0 % (0/10) | 10 % (1/10) | 10.3 % (10/97) |
| (h) El LT proporciona oportunidades para conocer estrategias que permitan tratar esas diferencias en la comunicación intercultural de manera no etnocéntrica o libre de prejuicios. | 0 % (0/15) | 0 % (0/9) | 0 % (0/10) | 8.3 % (1/12) | 0 % (0/12) | 0 % (0/10) | 11.1 % (1/9) | 0 % (0/10) | 0 % (0/10) | 2.06 % (2/97) |

| ¿En qué medida el enfoque sociocultural que aparece en el LT está bien fundamentado e informado? | INICIAL | | | INTERMEDIO | | | AVANZADO | | | % de UNIDADES |
|---|---|---|---|---|---|---|---|---|---|---|
| | LT Inicial 2008 | LT Inicial 2013 | LT Inicial 2018 | LT Intermedio 2008 | LT Intermedio 2014 | LT Intermedio 2018 | LT Avanzado 2008 | LT Avanzado 2012 | LT Avanzado 2018 | |
| (i) El LT incluye información simplificada sobre la comunicación intercultural verbal y no verbal procedente de la antropología, psicología social o los negocios internacionales (especialmente en niveles más avanzados). | 0 % (0/15) | 0 % (0/9) | 0 % (0/10) | 8.3 % (1/12) | 0 % (0/12) | 0 % (0/10) | 0 % (0/9) | 0 % (0/10) | 0 % (0/10) | 1.03 % (1/97) |
| (j) El LT contiene conceptos y términos culturales clave definidos y/o ejemplificados, y/o ilustrados. | 0 % (0/15) | 0 % (0/9) | 0 % (0/10) | 0 % (0/12) | 0 % (0/12) | 0 % (0/10) | 0 % (0/9) | 0 % (0/10) | 0 % (0/10) | 0 % (0/97) |

**Categoría 2: ¿En qué medida el enfoque sociocultural que aparece en el LT está bien organizado y estructurado?**

Los resultados de la categoría 2 (véase Tabla 3) muestran que el enfoque sociocultural está organizado y estructurado con respecto a lo siguiente:

(a) la identificación explícita de contenidos socioculturales en el índice del LT;
(b) los contenidos socioculturales del índice aparecen siguiendo una estructura bastante estable;
(c) las ilustraciones relacionadas con los contenidos socioculturales y/o actividades no solo aparecen junto al contenido sociocultural y/o actividades a las que acompañan, sino que son igual y pedagógicamente apropiadas;
(d) apenas presentan una cobertura miscelánea de los contenidos socioculturales.

Por el contrario, el enfoque sociocultural en los LT que forman parte del estudio carece de organización y estructura por los siguientes motivos: (a) el contenido sociocultural no aparece desarrollado de forma gradual y (b) no existen secciones que aparezcan de forma regular y que desarrollen la consciencia intercultural.

El contenido sociocultural del 77.7 % de los LT (con la excepción de los LT Avanzado, 2008 y LT Avanzado, 2012) aparece en el índice de contenidos junto a otros componentes, tales como la gramática, el vocabulario, la pronunciación y las funciones de la lengua. Este 77.7 % de los LT que incluye los contenidos socioculturales en el índice, igualmente, presenta una estructura estable, pues en todas las unidades de estos LT hay una sección explícita con contenidos socioculturales. Existe gran diversidad en la terminología que aparece en el índice de los LT que identifican de forma explícita los contenidos socioculturales que se van a enseñar en las distintas unidades que los componen. Entre las identificaciones se encuentran las siguientes: "Descubre España y América Latina", "Contenidos funcionales y socioculturales", "Comunicación y cultura", "Contenidos culturales", "Contenidos socioculturales" y "Especial mundo hispano". Del mismo modo, las ilustraciones, tal y como se ha señalado anteriormente, son apropiadas desde una perspectiva pedagógica, ya que se relacionan directamente con los contenidos socioculturales de la sección a la que acompañan.

El 66.6 % de los LT (LT Inicial, 2008; LT Inicial, 2018; LT Intermedio, 2008; LT Intermedio, 2014; LT Intermedio, 2018; LT Avanzado, 2008) contienen una cobertura del contenido sociocultural miscelánea por medio de la cual cualquier país, región, comunidad, área o aspecto (objetivos, productos, eventos, fiestas, costumbres, etc.) que no pertenezcan a la comunidad hispanohablante se incluye siempre y cuando esté relacionada con el tema principal o los subtemas de la unidad. Sin embargo, hay que aclarar que esta cobertura miscelánea que contienen dichos LT es escasa, pues aparece en un número muy reducido de unidades, esto es, en un 9.27 % del total de unidades de los LT examinados. Entre los ejemplos de cobertura miscelánea se pueden citar los siguientes:

(a)  un texto sobre bodas de diferentes partes del mundo (India, Irlanda, Sudáfrica, Grecia y Polonia) (LT Inicial, 2018);
(b)  textos sobre dos grupos de rock famosos, los *Beatles* y las *Spice Girls* (LT Intermedio, 2008) y
(c)  descripciones de famosos como Eva Perón, Rigoberta Menchú, Che Guevara, el Rey Juan Carlos I, Napoleón, Martin Luther King, Mandela, etc. (LT Avanzado, 2008).

En ninguno de los LT se incluye un desarrollo gradual y apropiado de los contenidos socioculturales a lo largo de los LT. No se comienza, por ejemplo, con aspectos relacionados con la microcultura, esto es, hacer referencia a escenarios específicos, concretos, para continuar de forma gradual con aspectos de cobertura más amplia, macrocultura, o viceversa. Finalmente, y a pesar de la presencia de un enfoque dual en los LT del estudio, ninguno incluye secciones que aparezcan de forma regular y que se centren en elevar la consciencia intercultural. Así, no aparecen de forma regular las comparaciones basadas en aspectos socioculturales (por ejemplo, los horarios de las comidas, el sistema de salud, la educación obligatoria, etc.) que sean diferentes en la C1 y la C2 y aquellos aspectos relacionados con la comunicación intercultural en los que difieren la C1 y la C2 (por ejemplo, las diferentes formas de saludar, gestos, uso de conversaciones para romper el hielo, etc.).

Tabla 3. Categoría 2

| | INICIAL | | | INTERMEDIO | | | AVANZADO | | |
|---|---|---|---|---|---|---|---|---|---|
| ¿En qué medida el enfoque sociocultural que aparece en el LT está bien organizado y estructurado? | LT Inicial 2008 | LT Inicial 2013 | LT Inicial 2018 | LT Intermedio 2008 | LT Intermedio 2014 | LT Intermedio 2018 | LT Avanzado 2008 | LT Avanzado 2012 | LT Avanzado 2018 |
| (a) ¿Se identifican los contenidos socioculturales de forma explícita en el índice? | 3 | 3 | 3 | 3 | 3 | 3 | 1 | 1 | 3 |
| (b) A juzgar por la información que aparece en el índice, ¿existe una estructura razonablemente estable en el tratamiento de los aspectos socioculturales? | 3 | 3 | 3 | 3 | 3 | 3 | N/P | N/P | 3 |
| (c) ¿Aparecen las ilustraciones junto al contenido sociocultural y/o las actividades que se incluyen? | 3 | 3 | 3 | 3 | 3 | 3 | 3 | 3 | 3 |

| ¿En qué medida el enfoque sociocultural que aparece en el LT está bien organizado y estructurado? | INICIAL | | | INTERMEDIO | | | AVANZADO | | |
|---|---|---|---|---|---|---|---|---|---|
| | LT Inicial 2008 | LT Inicial 2013 | LT Inicial 2018 | LT Intermedio 2008 | LT Intermedio 2014 | LT Intermedio 2018 | LT Avanzado 2008 | LT Avanzado 2012 | LT Avanzado 2018 |
| (d) Si es así, ¿tienden a ser pedagógicamente apropiadas (por ej. se relacionan directamente con el contenido)? | 3 | 3 | 3 | 3 | 3 | 3 | 3 | 3 | 3 |
| (e) ¿Tiene el enfoque sociocultural una cobertura miscelánea o una cobertura poco estructurada? | 2 (1/15) | 1 | 2 (3/10) | 2 (1/12) | 2 (1/12) | 2 (1/10) | 2 (2/9) | 1 | 1 |
| (f) ¿Hay ejemplos de desarrollo gradual/apropiado de los contenidos socioculturales? | 1 | 1 | 1 | 1 | 1 | 1 | 1 | 1 | 1 |
| (g) ¿Existen secciones regulares dedicadas al desarrollo de la consciencia intercultural? | 1 | 1 | 1 | 1 | 1 | 1 | 1 | 1 | 1 |

## Categoría 3: ¿En qué medida el enfoque sociocultural que aparece en el LT es diversificado?

La categoría 3 (véase Tabla 4) estudia la diversidad del enfoque sociocultural que posee la comunidad hispanohablante en los LT que forman parte del estudio. Está compuesta por 17 criterios que muestran la siguiente relación temática, tal y como se indica a continuación: (i) criterios (a)-(j) arrojan información acerca de la diversidad geopolítica, (ii) criterios (m)-(p) proporcionan datos sobre la diversidad humana y social, (iii) criterios (k)-(l) aportan información sobre los diversos usos sociolingüísticos de la lengua española.

En lo concerniente al primer subgrupo de criterios (a-j) (véase Tabla 4), esto es, la amplitud geopolítica del mundo hispanohablante, el 33.3 % de los LT (LT Intermedio, 2014; LT Avanzado, 2008; LT Avanzado, 2012) ponen el énfasis en España. Asimismo, en un 55.5 % de los LT se hallan contenidos socioculturales de tres o más países de habla hispana de forma detallada: LT Inicial, 2008 =España, Argentina y Perú; LT Inicial, 2013 = España, Perú, Colombia, Chile, República Dominicana, Bolivia, El Salvador, Guatemala, Costa Rica, Ecuador, Cuba, México, Argentina, Panamá, Paraguay, Nicaragua, Puerto Rico, Venezuela, Uruguay, y Honduras; LT Intermedio, 2008 = España, México, República Dominicana, Bolivia, Chile, Argentina, Colombia; LT Intermedio, 2018 = España, Colombia, México, Argentina; LT Avanzado, 2018 =España, Colombia, Argentina, Cuba, México, Chile y Perú. Por el contrario, un 88.8 % de los LT cubre mínimamente contenidos socioculturales de dos o más países de habla hispana: LT Inicial, 2008 = Guatemala, Colombia, Nicaragua, Venezuela, Ecuador, Cuba, México; LT Inicial, 2018 = Cuba, República Dominicana, Perú y México; LT Intermedio, 2008 = Guatemala, Uruguay, Puerto Rico, Costa Rica, Ecuador, El Salvador, Honduras, Nicaragua, Panamá, Paraguay y Venezuela; LT Intermedio, 2014 =México y Argentina; LT Intermedio, 2018 =Perú, Chile, Cuba, Guatemala; LT Avanzado, 2008 = República Dominicana, Chile, Argentina, Bolivia, Ecuador, Nicaragua, Honduras, Uruguay, Cuba, Guatemala, Salvador, Costa Rica, Perú, Colombia, Bogotá; LT Avanzado, 2012 = Venezuela, Argentina; LT Avanzado, 2018= Uruguay, Guatemala, Puerto Rico; Venezuela, Bolivia, República Dominicana.

El concepto de comunidad hispanohablante caracterizada por ser internacional, pluralista y heterogénea aparece de forma explícita en el 22.2 % de los LT (LT Inicial, 2008; LT Avanzado, 2018). Tanto el LT Inicial, 2008 como el LT Avanzado, 2018 contienen en cada una de las unidades una sección denominada "Descubre España y América Latina" y "Especial mundo hispano", respectivamente.

Este concepto de comunidad hispanohablante internacional, pluralista y heterogénea se halla de forma implícita en el 77.7 % de los LT (LT Inicial, 2013; LT Inicial, 2018; LT Intermedio, 2008; LT Intermedio, 2014; LT Intermedio, 2018; LT Avanzado, 2008; LT Avanzado, 2012), ya que abarca información sociocultural procedente de tres o más países de forma detallada y/o los cubre de pasada. Hay que aclarar que el concepto de comunidad internacional se introduce a través de una representación homogénea de los países que la conforman debido a la falta de representación realista de dicha comunidad, y que queda patente en los diferentes grupos edad, clases sociales y entornos, tal y como se describe más abajo.

El 44.4 % de los LT (LT Inicial, 2018; LT Intermedio, 2014; LT Avanzado, 2008; LT Avanzado, 2012) presenta un enfoque sociocultural basado en una perspectiva etnocéntrica, pues se enfocan en uno o dos países de habla hispana, siendo España uno de los países. En el 22.2 % de los LT (LT Inicial, 2008; LT Intermedio, 2018) existe una perspectiva que de forma tímida tiende al etnorrelativismo, ya que aparecen contenidos socioculturales de forma detallada de tres o cuatro países hispanohablantes. El resto de LT, esto es, un 33.3 % (LT Inicial, 2013; LT Intermedio, 2008; LT Avanzado, 2018) posee una perspectiva parcialmente etnorrelativa, presentando información sociocultural de manera detallada sobre cinco o más países de habla hispana. Por tanto, existe pluralidad, aunque habría que aclarar que dicha pluralidad no va acompañada de la heterogeneidad que caracteriza a la comunidad hispanohablante.

En lo concerniente a la amplitud humana y social de los contenidos socioculturales de los países hispanohablantes proporcionada por medio de la información textual y gráfica (véase Tabla 4, criterios m-ñ), ninguno de los nueve LT analizados contiene una visión de la C2 lo suficientemente heterogénea debido a que ciertos segmentos de la población están ausentes o se encuentran infrarrepresentados, mientras que otros quedan sobrerrepresentados.

En lo referente a los grupos de edad, según la información gráfica que aparece en los LT, los adultos (20–64 años) y adultos jóvenes (17–19 años) se encuentran en el 98.9 % de las 94 unidades analizadas, seguidos de la población de la tercera edad y representada en el 55.5 % de las unidades. El resto de grupos de edades, niños (4–11 años), adolescentes (12–16 años) y bebés (0–3 años), tienen una menor presencia en los LT, esto es, 37.2 %, 23.4 %, 23.4 %, respectivamente. En lo que respecta a las clases socioeconómicas, la clase media/media-alta está sobrerrepresentada, pues se incluye en el 94.6 % del total de unidades analizadas. Por otro lado, la clase trabajadora/obrera y las personas/grupos de reducidos ingresos quedan infrarrepresentadas, pues solo aparecen en un 15.9 % y en un 7.4 %, respectivamente, del total de unidades examinadas.

El entorno urbano prevalece sobre el entorno rural. El primero, representado a través de imágenes de ciudades, centros comerciales, museos, aeropuertos, hospitales, grandes avenidas, etc., aparece en el 86.1 % de las unidades, mientras que el segundo, reflejado en imágenes de pueblos, aldeas, campos de cultivo, casas de campo, mujeres campesinas, actividades deportivas en el campo, etc., está presente en el 29.7 % de las unidades.

La realidad de los más necesitados, por ejemplo, personas sin trabajo, sin hogar, con problemas de adicción a las drogas y/o alcohol, tanto en España como en cualquier otro país de la comunidad hispanohablante, no está presente en ninguno de los LT analizados.

En algo menos de la mitad de los LT, es decir, en un 44.4 % (LT Intermedio, 2008; LT Avanzado, 2008; LT Avanzado, 2012; LT Avanzado, 2018) aparecen temas polémicos y/o de actualidad relacionados con España u otros países hispanohablantes. Sirvan de ejemplo los siguientes temas: la piratería musical y la violencia feminista en España, la discriminación de la mujer, el uso y abuso de las redes sociales en el mundo hispano, la soltería en Argentina y el mundo de la protesta como los indignados en España, las Madres de la Plaza de Mayo en Argentina y la revolución de los pingüinos en Chile.

En cuanto a los diferentes países que se incluyen en los LT y los diferentes usos sociolingüísticos del español (criterios k, l, véase Tabla 4), solo un 11.1 % de los mismos (LT Inicial, 2008) hacen una distinción entre países en los que el español se habla como L1 y aquellos en los que se usa como L2-SL. En el LT Inicial, 2008 aparece un texto en el que señala que el español es una de las lenguas oficiales y L1 del territorio español y de otros muchos países de Centroamérica y Sudamérica, además de usarse como L2-SL en algunos estados y áreas de EE.UU., Filipinas y entre la población de origen judío sefardí. El LT Avanzado, 2008, a pesar de que no lleva a cabo la distinción entre aquellos países en los que el español actúa como L1 y aquellos en los que sirve de L2-SL, pregunta al alumno sobre su uso del español como L2-LE en el futuro. Del mismo modo, pide al alumno que haga una reflexión sobre la importancia de familiarizarse con el español procedente de hablantes no nativos. En cuanto al español como lengua franca, únicamente el 22.2 % de los LT examinados (LT Inicial, 2008; LT Avanzado, 2008) se hacen eco de la importancia del español como lengua internacional en contextos económicos y políticos.

En un tercio de los LT analizados (LT Inicial, 2013; LT Inicial, 2018; LT Avanzado, 2008) aparecen diálogos entre no nativos hablantes de español procedentes de Europa y que en ese momento están viviendo en España para mejorar el español (L2-SL). Igualmente, se encuentran diálogos entre hablantes nativos de español y aprendices de español como L2-SL, por ejemplo, un estudiante de nacionalidad sueca en España (LT Inicial, 2013) o de una chica alemana que está instalada en un conocido barrio de Sevilla (España) llamado Triana desde hace dos años (LT Inicial, 2018). Llama la atención el hecho de que en estos diálogos la participación del hablante nativo no se distingue de la de los no nativos en la precisión gramatical, sintáctica y léxica, quedando la pronunciación como la característica distintiva entre los nativos hablantes de español (L1) y los no nativos (L2-SL) en las producciones orales del material de audio.

A modo de ejemplo, a continuación, aparece un diálogo entre Catalina, una chica española, y Willy, un sueco que ha venido a España con motivo de una entrevista de trabajo (LT Inicial, 2013):

*Willy:* ¿Eres tú?
*Catalina:* ¡Qué alegría! ¿Dónde estás? ¿Qué haces?
*Willy:* Estoy aquí, en Madrid. He venido para hacer una entrevista de trabajo.
*Catalina:* ¿Para trabajar en España?
*Willy:* Sí, después del tiempo que pasé aquí, del curso de español, de las charlas contigo… mi español mejoró mucho. Quiero volver a España, así que mandé varios currrículos y me han contestado de dos empresas.

| Catalina: | *¡Qué bien! ¿Y tendrás tiempo de tomarte algo conmigo? Willy: Pues claro. Por eso te llamo. Mañana terminaré la entrevista sobre las 12:00 y después tendré la tarde libre. ¿Quedamos para comer?* |
|---|---|
| Catalina: | *¡Genial! Busco sitio y te mando al móvil la dirección. ¡Qué ganas tengo de verte!* |
| Willy: | *¡Y yo! Hasta mañana. Un beso.* |
| Catalina: | *Un beso y ¡mucha suerte en la entrevista!* |

El hablante no nativo, Willy, no solo usa oraciones más complejas desde un punto de vista de la sintaxis ("quiero volver a España, así que mandé varios currículos y me han contestado de dos empresas") en comparación con Catalina, sino también sus intervenciones suelen ser más largas que las de Catalina.

En general, tal y como se puede observar en los resultados obtenidos, las variables año de publicación y nivel del LT no ejercen influencia en las categorías analizadas, a excepción del criterio (p), categoría 3 (véase Tabla 4). Dicho criterio está presente únicamente en los LT de nivel avanzado.

# 4 Debate sobre las tres categorías analizadas

Los resultados del análisis del componente sociocultural de los LT examinados muestran algunos rasgos positivos, tal y como se describen a continuación.

Primero, todos los LT integran los contenidos socioculturales referidos tanto a la Cultura con C mayúscula como a aquellos centrados en la cultura con c minúscula. Entre los LT analizados no existe una tendencia a enfatizar los contenidos socioculturales pertenecientes a un tipo de cultura o la otra. Existe en algo más de la mitad de los LT (55.5 %) un equilibrio entre los contenidos socioculturales de ambos tipos de cultura, es decir, Cultura con C mayúscula y cultura con c minúscula. Tan solo un 22.2 % de los LT enfatizan la cultura con c minúscula y el otro 22.2 % de los LT restantes ponen de relieve aspectos de la Cultura con C mayúscula. Estos datos contrastan con los de otros estudios sobre LT para la enseñanza del inglés como L2 en los que se enfatiza la cultura con c minúscula, como son los de Baleghizadeh y Shayestesh (2020), Matic (2015), Rajabi y Ketabi (2012). Este énfasis en la cultura con c minúscula parece proceder de una tendencia que se inició a comienzos de 1990. Igualmente, los datos obtenidos en este estudio se contraponen con los de investigaciones como las de Labtic y Teo (2019),

Tabla 4. Categoría 3

| ¿En qué medida el enfoque sociocultural que se utiliza es diversificado? | INICIAL | | | INTERMEDIO | | | AVANZADO | | | Media % (total de unidades) |
|---|---|---|---|---|---|---|---|---|---|---|
| | LT Inicial 2008 | LT Inicial 2013 | LT Inicial 2018 | LT Intermedio 2008 | LT Intermedio 2014 | LT Intermedio 2018 | LT Avanzado 2008 | LT Avanzado 2012 | LT Avanzado 2018 | |
| (a) Si se cubren contenidos socioculturales sobre los países hispanohablantes, ¿se centra normalmente el LT en España o incluso en un área geográfica principal de este país? | 1 | 1 | 1 | 1 | 3 | 1 | 3 | 3 | 1 | |
| (b) ¿Se centra el LT en varios (tres o más) países hispanohablantes? | 3 | 3 | 1 | 3 | 1 | 3 | 1 | 1 | 3 | |
| (c) ¿Cubre el LT dos o más países hispanohablantes de pasada? | 3 | 1 | 3 | 3 | 3 | 3 | 3 | 3 | 3 | |
| (d) Si el LT incluye información sobre otros países hispanohablantes, ¿se refiere a la idea de una comunidad de habla hispana internacional, pluralista y heterogénea? | 1 | 1 | 1 | 1 | 1 | 1 | 1 | 1 | 1 | |
| (e) Si es así, ¿el concepto de un "mundo/comunidad hispanohablante" se identifica de forma explícita? | 3 | 1 | 1 | 1 | 1 | 1 | 1 | 1 | 3 | |

(continúa)

Tabla 4.  Continúa

| ¿En qué medida el enfoque sociocultural que se utiliza es diversificado? | INICIAL | | | INTERMEDIO | | | AVANZADO | | | Media % (total de unidades) |
|---|---|---|---|---|---|---|---|---|---|---|
| | LT Inicial 2008 | LT Inicial 2013 | LT Inicial 2018 | LT Intermedio 2008 | LT Intermedio 2014 | LT Intermedio 2018 | LT Avanzado 2008 | LT Avanzado 2012 | LT Avanzado 2018 | |
| (f) ¿El concepto de un "mundo/comunidad hispanohablante" solo se insinúa? | 1 | 3 | 3 | 3 | 3 | 3 | 3 | 3 | 1 | |
| (g) Ninguna de las dos opciones anteriores (e y f) se adecuan | N/P | N/P | N/P | N/P | N/P | N/P | N/P | N/P | N/P | |
| (h) ¿Refleja el enfoque sociocultural una perspectiva etnocéntrica centrada en solo uno o dos países hispanohablantes? | 1 | 1 | 3 | 1 | 3 | 1 | 3 | 3 | 1 | |
| (i) ¿Refleja el enfoque sociocultural una perspectiva levemente tendente al etnorrelativismo centrada en tres o cuatro países hispanohablantes? | 3 | 1 | 1 | 1 | 1 | 3 | 1 | 1 | 1 | |
| (j) ¿Refleja el enfoque sociocultural una perspectiva etnorrelativa —pluralista y heterogénea— centrada en cinco o más países hispanohablantes? | 1 | 3 | 1 | 3 | 1 | 1 | 1 | 1 | 3 | |

| ¿En qué medida el enfoque sociocultural que se utiliza es diversificado? | INICIAL | | | INTERMEDIO | | | AVANZADO | | | Media % (total de unidades) |
|---|---|---|---|---|---|---|---|---|---|---|
| | LT Inicial 2008 | LT Inicial 2013 | LT Inicial 2018 | LT Intermedio 2008 | LT Intermedio 2014 | LT Intermedio 2018 | LT Avanzado 2008 | LT Avanzado 2012 | LT Avanzado 2018 | |
| (k) ¿Se hace una distinción práctica (por ej. pedagógica) entre los países en los que se habla como primera lengua (L1) y aquellos en los que se usa como segunda lengua (L2-SL)? | 2 (1/15) | 1 | 1 | 1 | 1 | 1 | 1 | 1 | 1 | |
| (l) ¿Se hace mención del uso del español como lengua franca? | 2 (1/15) | 1 | 1 | 1 | 1 | 1 | 2 (1/9) | 1 | 1 | |
| (m) ¿La información cultural —tanto textual como gráfica— sobre países de habla hispana es lo suficientemente pluralista y diversificada? | 1 | 1 | 1 | 1 | 1 | 1 | 1 | 1 | 1 | |
| (n) ¿Existen ejemplos de población de países hispanohablantes que están infrarrepresentados mientras que otros aparecen sobrerrepresentados? | 3 | 3 | 3 | 3 | 3 | 3 | 3 | 3 | 3 | |

(continúa)

Tabla 4.  Continúa

| ¿En qué medida el enfoque sociocultural que se utiliza es diversificado? | INICIAL | | | INTERMEDIO | | | AVANZADO | | | Media % (total de unidades) |
|---|---|---|---|---|---|---|---|---|---|---|
| | LT Inicial 2008 | LT Inicial 2013 | LT Inicial 2018 | LT Intermedio 2008 | LT Intermedio 2014 | LT Intermedio 2018 | LT Avanzado 2008 | LT Avanzado 2012 | LT Avanzado 2018 | |
| (ñ) Segmentos/ grupos de población infrarrepresentados/ sobrerrepresentados: | | | | | | | | | | |
| Edad: tercera edad (65 años en adelante) | 46.6% (7/15) | 55.5 % (5/9) | 80 % (8/10) | 25 % (3/12) | 55.5 % (5/9) | 80 % (8/10) | 22.2 % (2/9) | 100 % (10/10) | 40 % (4/10) | 55.3 % (52/94) |
| Edad: adultos (20–64 años) y adultos jóvenes (17–19 años) | 93.3 % (14/15) | 100 % (9/9) | 100 % (10/10) | 100 % (12/12) | 100 % (9/9) | 100 % (10/10) | 100 % (9/9) | 100 % (10/10) | 100 % (10/10) | 98.9 % (93/94) |
| Edad: adolescentes (12–16 años) | 6.6 % (1/15) | 55.5 % (5/9) | 30 % (3/10) | 8.3 % (1/12) | 55.5 % (5/9) | 30 % (3/10) | 11.1 % (1/9) | 0 % (0/10) | 30 % (3/10) | 23.4 % (22/94) |
| Edad: niños (4–11 años) | 33.3 % (5/15) | 55.5 % (5/9) | 50 % (5/10) | 66.6 % (8/12) | 55.5 % (5/9) | 50 % (5/10) | 11.1 % (1/9) | 10 % (1/10) | 0 % (0/10) | 37.2 % (35/94) |
| Edad: bebés (0–3 años) | 26.6 % (1/15) | 66.6 % (6/9) | 30 % (3/10) | 25 % (3/12) | 66.6 % (6/9) | 30 % (3/10) | 0 % (0/9) | 0 % (0/10) | 0 % (0/10) | 23.4 % (22/94) |
| Clase socioeconómica: media/ media-alta | 93.3 % (14/15) | 100 % (9/9) | 100 % (10/10) | 75 % (9/12) | 100 % (9/9) | 100 % (10/10) | 88.8 % (8/9) | 100 % (10/10) | 100 % (10/10) | 94.6 % (89/94) |
| Clase socioeconómica: trabajadora/obrera | 13.3 % (2/15) | 0 % (0/9) | 20 % (2/10) | 41.6 % (5/12) | 11.1 % (1/9) | 20 % (2/10) | 11.1 % (1/9) | 10 % (1/10) | 10 % (1/10) | 15.9 % (15/94) |
| Clase socioeconómica: personas/grupos de escasos ingresos | 13.3 % (2/15) | 0 % (0/9) | 0 % (0/10) | 25 % (3/12) | 0 % (0/9) | 0 % (0/10) | 11.1 % (1/9) | 0 % (0/10) | 10 % (1/10) | 7.4 % (7/94) |
| Entorno: urbano | 93.3 % (14/15) | 100 % (9/9) | 100 % (10/10) | 83.3 % (10/12) | 100 % (9/9) | 100 % (10/10) | 55.5 % (5/9) | 40 % (4/10) | 100 % (10/10) | 86.1 % (81/94) |

| ¿En qué medida el enfoque sociocultural que se utiliza es diversificado? | INICIAL | | | INTERMEDIO | | | AVANZADO | | | Media % (total de unidades) |
|---|---|---|---|---|---|---|---|---|---|---|
| | LT Inicial 2008 | LT Inicial 2013 | LT Inicial 2018 | LT Intermedio 2008 | LT Intermedio 2014 | LT Intermedio 2018 | LT Avanzado 2008 | LT Avanzado 2012 | LT Avanzado 2018 | |
| Entorno: rural | 40 % (6/15) | 55.5 % (5/9) | 0 % (0/10) | 41.6 % (5/12) | 33.3 % (3/9) | 20 % (2/10) | 33.3 % (3/9) | 20 % (2/10) | 20 % (2/10) | 29.7 % (28/94) |
| (o) ¿Cubre el LT (de forma escrita o visual) la realidad de los desfavorecidos en España y/u otros países hispanohablantes? | 1 | 1 | 1 | 1 | 1 | 1 | 1 | 1 | 1 | |
| (p) ¿Se tratan temas polémicos y/o actuales pertenecientes a España/otros países hispanohablantes? | 1 | 1 | 1 | 3 | 1 | 1 | 3 | 3 | 3 | |

Larrea Espinar (2015), Lee (2009) y Raigón Rodríguez (2015) en las que los resultados del análisis de LT para la enseñanza de una L2 indican que los autores han hecho hincapié en la inclusión de temáticas relacionadas con la Cultura con C mayúscula.

Segundo, el enfoque dual basado en las comparaciones y los contrastes entre la C1 y la C2 está presente en todos los LT del estudio en mayor o menor medida. Según Byram y otros (1997) el desarrollo de la competencia comunicativa intercultural solo es posible a través de un enfoque en el que se tengan en cuenta ambas culturas, C1 y C2. A finales de 1990, Cortazzi y Jin (1999) advierten de que no es posible o deseable promover únicamente la competencia sociocultural en la enseñanza y el aprendizaje de una L2. La inclusión de la C1 por medio de actividades en las que se fomenten las comparaciones y los contrastes acarrea beneficios tales como un incremento en el conocimiento acerca de la C1 junto con la adquisición del vocabulario necesario para debatir temas interculturales en la L2 (McKay, 2003).

Tercero, en la mayoría de los LT se explicitan en el índice los contenidos socioculturales que se van a enseñar. Aquellos LT en los que se explicitan los contenidos socioculturales en el índice contienen igualmente información sociocultural explícita en cada una de sus unidades, lo cual revela una estructura estable con respecto a la presencia de los mismos. La diversidad de expresiones que aparece en el índice de contenidos de los LT, por ejemplo, "Descubre España y América Latina", "Contenidos funcionales y socioculturales", "Comunicación y cultura", "Contenidos culturales", "Contenidos socioculturales" y "Especial mundo hispano", para identificar explícitamente los aspectos socioculturales que se van a enseñar, es un reflejo de lo que ocurre en el MCER (2001) y el PIC (2006) ante una falta de definición del concepto 'cultura'. A lo largo del MCER (2001) se puede encontrar términos como "componente sociocultural", "contenido sociocultural", "consciencia intercultural", "cultura" o "diversidad cultural" para hacer referencia a la C2.

Cuarto, la información visual que acompaña los contenidos y actividades socioculturales aparece situada cerca de los mismos además de ser apropiada desde un punto de vista pedagógico.

Quinto, en general, los LT analizados no presentan una cobertura miscelánea en la que países, objetos e información sociocultural no específicos del mundo hispano se hallan entremezclados con el contenido sociocultural de los países de habla hispana.

Sexto, algo más de la mitad de los LT (55.5 %) contiene información sociocultural detallada de tres o más países pertenecientes a la comunidad hispanohablante. Esta característica se presenta como un rasgo promotedor por parte de los autores de los LT de este estudio, aunque de ninguna manera se considera un rasgo satisfactorio debido a que la gran amplitud geopolítica de la comunidad hispanohablante, por ejemplo, no queda reflejada en los mismos.

Séptimo, el hecho de que en un 22.2 % de los LT se lleva a cabo una mención explícita de la comunidad hispana se interpreta como un primer paso muy positivo, aunque de ninguna manera este porcentaje se considera satisfactorio, para hacer consciente al aprendiz de español como L2 de la amplitud y diversidad de dicha comunidad.

No obstante, existe una serie de debilidades en los LT investigados que habría que tenerlas en cuenta, tal y como se indican a continuación.

## Enfoque fragmentado

Se echa en falta un desarrollo gradual de los contenidos socioculturales presentes en estos LT, por ejemplo, introducir contenidos y/o situaciones referidos a ciertos grupos sociales y/o situaciones (microculturas) pertenecientes a la comunidad hispanohablante para pasar de forma progresiva a grupos y/o situaciones más amplios (macrocultura). Estudios previos sobre el inglés (cf. Paige et al., 2003; Yuen, 2011) y el español como L2 (cf. Pinnix, 1990) denuncian la fragmentación del contenido sociocultural en los LT. En concreto, Pinnix (1990) sugiere que los contenidos socioculturales se introduzcan y se enseñen de forma que la complejidad de los mismos vaya aumentando gradualmente. No obstante, la autora no ofrece los pasos que se deben seguir, al menos no proporciona un ejemplo concreto para poner en práctica su recomendación sobre cómo graduar los contenidos socioculturales.

## Presencia habitual de aspectos socioculturales visibles y externos

Las manifestaciones socioculturales presentes a través de enfoques superficiales que ponen de relieve lo visible y lo externo, es decir, los productos a modo de guía turística, abundan en detrimento de la cultura relacionada con los aspectos invisibles tales como las creencias, sentimientos y actitudes, esto es, perspectivas siguiendo la clasificación de Moran (2001). Según Méndez García (2005), esta tendencia puede tener su origen en las instrucciones del MCER (2001), en las que defiende una enseñanza basada en las posibles necesidades que pueda tener un viajante europeo. Yuen (2011) aclara que la visión sociocultural del tipo guía turística puede resultar *a priori* más atractiva a los jóvenes. Los LT analizados en esta investigación están dirigidos a adultos jóvenes (17–19 años) y adultos (20 años en adelante) y, por tanto, es posible que los autores de estos hayan considerado los contenidos socioculturales basados en un enfoque superficial adecuados para este tipo de usuarios, especialmente, los más jóvenes.

Del mismo modo, no se proporcionan definiciones, ejemplos e ilustraciones de conceptos básicos y esenciales que le ayudarían al aprendiz de una L2 a evitar malentendidos socioculturales.

## Ausencia de información intercultural explícita sobre la C1

En los LT analizados la presencia de un enfoque dual va acompañada de una demanda de información sobre un aspecto sociocultural determinado de la C1 del alumno, que puede ser igual/similar (comparación) o diferente (contraste) al de la C2, por parte de los autores de los LT. Las actividades en las que aparece este enfoque dual son predominantemente de tipo comprensión lectora. En dichas actividades no se incentiva al alumnado a reflexionar acerca del posible origen y razones de las semejanzas y diferencias existentes entre la C1 y la C2. Estos resultados coinciden parcialmente con los obtenidos en el estudio llevado a cabo por Amerian y Tajabadi (2020) en el que las comparaciones y los contrastes tienen lugar en las lecturas y en la producción oral, sin que se le invite al alumno a la reflexión sobre la C1 y la C2. Asimismo, el hecho de que sea el aprendiz y no el propio LT el que proporcione la información correspondiente a la C1 se puede interpretar tal y como sigue: (a) los autores de los LT desconocen la C1 del aprendiz; (b) los autores de los LT asumen de forma errónea que el aprendiz está capacitado para establecer comparaciones y contrastes entre la C2 y la C1 y (c) al evitar incluir información sobre la C1, las editoriales se aseguran poder comercializar el LT en un mercado internacional.

## Comunicación intercultural defectuosa

Aparte del escaso número de unidades, es decir, un 10.3 % del total, que proporcionan al aprendiz la oportunidad de familiarizarse con las diferencias interculturales en la comunicación verbal y no verbal, el tratamiento que se le da a la comunicación intercultural es inadecuo por las razones que siguen: (a) apenas se incluye información sobre otras disciplinas, tales como la antropología cultural, la psicología social o los negocios internacionales, que puede resultar relevante para la comunicación intercultural entre hablantes que no comparten C1 y (b) no se introducen estrategias de negociación que son fundamentales en diálogos interculturales (por ejemplo, entre no nativos hablantes de español o entre nativos y aprendices de español como L2). Estos diálogos interculturales son un reflejo de la realidad del español actual que cuenta con un gran número de aprendices como L2 además de su creciente uso como lengua franca.

Hay que aclarar, igualmente, que la presencia de los diálogos interculturales en los LT analizados, aparte de hallarse en algo menos de la mitad de los LT, ofrece una imagen poco realista de los mismos, esto es, la del hablante no nativo ideal. En estos diálogos no se distingue el discurso de los hablantes nativos de los no nativos, excepto por la pronunciación. La inclusión del hablante no nativo ideal, que forma parte de los enfoques comunicativos de los setenta y ochenta, se contrapone a la del aprendiz intercultural, propuesta por Byram y otros (1997, 1998). Convertirse en hablante intercultural es una meta más realista antes que pretender que el aprendiz alcance el nivel de hablante nativo en una L2/C2. Ser hablante intercultural conlleva hacer frente a la complejidad de una C2 además de evitar las visiones etnocéntricas y la formación de estereotipos. Estos diálogos interculturales son una oportunidad ideal para acabar con el mito en la enseñanza de L2 de considerar a los hablantes nativos de L2 los únicos con suficiente autoridad para proporcionar muestras de la L2/C2 (Byram, 2008, 2011) en los LT, en este caso, de español.

## Reducción de la amplitud geopolítica de la comunidad hispanohablante

Con respecto al número de países de la comunidad hispanohablante en los que se centran los LT, tan solo un 33.3 % de los LT introducen aspectos socioculturales de cinco o más países hispanohablantes. Teniendo en cuenta la envergadura del mundo hispano no solo con respecto a la cantidad de países que lo componen, sino también en cuanto a las posiciones geográficas y políticas de los mismos (existen países hispanohablantes que están en el hemisferio norte y otros que se hallan en el hemisferio sur además de pertenecer a diversos regímenes políticos, entre ellos, democracias y regímenes dictatoriales), este porcentaje de LT resulta muy reducido.

Estudios previos como el de Ramírez y Hall (1990), Matsuda (2002) y Shin et al., (2011) confirman estos resultados. Ramírez y Hall (1990), tras un estudio llevado a cabo con cinco series de LT para la enseñanza del español como L2-LE, dirigidas a alumnos adolescentes, concluyen que de un total de 18 países hispanohablantes presentes en estas series, México y España suponen el 37 % de las referencias culturales, mientras que el resto de países están infrarrepresentados. Matsuda (2002) y Shin et al. (2011) en sus estudios con LT para la enseñanza del inglés como L2 concluyen que EE.UU. e Inglaterra son los países que aparecen con mayor frecuencia en comparación con otros como la India, por ejemplo, en el que el inglés se usa como lengua oficial junto con el hindi, o China y Corea, siendo el inglés en estos últimos L2-LE.

## Reducción de la amplitud humana y social de la comunidad hispanohablante

En lo que concierne a la diversidad humana y social del mundo hispanohablante, los adultos y adultos jóvenes presentes en un 98.9 % de las unidades, seguidos de la población de la tercera edad en un 55.5 % de las mismas junto con la clase media/media-alta, que aparece en un 94.6 %, y el entorno urbano en un 86.1 %, quedan sobrerrepresentados. Por otro lado, la clase trabajadora (15.9 %), las personas de escasos ingresos (7.4 %) y el entorno rural (29.7 %) están infrarrepresentados con respecto a los demás segmentos de la población. Asimismo, la realidad de los desfavorecidos en España y/o en el resto de países que conforman la comunidad hispana no se incluye en ninguno de los materiales examinados. Holliday (2005) indica que los autores de LT de forma implícita se basan en una cultura superior, que en el presente trabajo está compuesta por la clase media/media-alta que reside en un entorno urbano. La infrarrepresentación de ciertos elementos de la sociedad junto con la ausencia de la realidad de los desfavorecidos da lugar no solo a una imagen irreal de la C2, sino también a la formación de estereotipos al omitir de forma consciente o inconsciente aspectos fundamentales de la C2 (Clarke y Clarke, 1990). Esta imagen irreal está presente en otras investigaciones sobre el componente sociocultural de LT para la enseñanza de español como L2, tal y como ha demostrado, por ejemplo, Illescas García (2014) en un análisis de materiales para la enseñanza del español como L2-LE en EE.UU. y publicados por editoriales norteamericanas. Los resultados reflejan un discurso ideológico proveniente de la cultura superior frente a las comunidades hispanas a las que se las alienta a conservar sus tradiciones y renunciar al progreso. Resultados similares se obtuvieron en los estudios de Azimova y Johnston (2012) y Shardakova y Pavlenko (2004) tras analizar LT para la enseñanza de ruso como L2. En el primer caso examinan nueve LT de niveles inicial, intermedio y avanzado, y en el segundo se centran en dos LT para principiantes. Concluyen que grupos de índole religiosa, lingüística, étnica y de género que no pertenecen al grupo mayoritario de rusos de raza blanca, cristianos y heterosexuales no cuentan con presencia alguna en dichos materiales. Igualmente, en la investigación de Brosh (1997) con 12 LT para la enseñanza de la lengua árabe en Israel, los hombres aparecen con mayor frecuencia que las personas de la tercera edad y las mujeres, quedando estas últimas relegadas al ámbito doméstico.

Esta sobrerrepresentación de la clase media/media-alta en detrimento de la clase trabajadora en el presente estudio puede estar motivada por la influencia que el neoliberalismo ha ejercido a partir de la década de 1990. Resultados similares se obtuvieron en las investigaciones de Gray y Block (2014), Morales-Vidal y Cassany (2020) y Bori y Kuzmanovic Jovanovic (2020). Gray y Block (2014) demostraron en un estudio de LT de inglés como L2 publicados entre 1970 y 2009, de nivel intermedio y destinados a adultos y adultos jóvenes, que la clase obrera (representada mediante personajes y ocupaciones) va desapareciendo en dichos LT de forma progresiva a medida que el año de publicación es más cercano a 2009. Los autores señalan que esta ausencia o infrarrepresentación de la clase obrera, precariedad laboral y pobreza responden a la corriente socioeconómica del neoliberalismo. Según Chun (2009), el neoliberalismo aspira a construir una identidad individual marcada por la competitividad, la adquisición y el individualismo, valores ideales del capitalismo; por el contrario, la clase obrera, el trabajo precarizado y la pobreza son la cara oscura que conviene ocultar. Morales-Vidal y Cassany (2020) en el análisis de cinco LT para la enseñanza del español como L2 de nivel inicial (A1, A2) a intermedio (B1), destinados a adultos y adolescentes y publicados entre 2014–2018, concluyen que la clase social que aparece en dichos LT no refleja la diversidad, pues (a) la clase trabajadora apenas tiene cabida, (b) casi se ignora el empleo precario y (c) la clase media-alta es la más representada a través de personajes con una vida desahogada, con empleos pertenecientes al sector servicios que viven en el centro de núcleos urbanos y sin obstáculos económicos para viajar o buscar vivienda. Bori y Kuzmanovic Jovanovic (2020) examinan dos series de LT para la enseñanza del español como L2, la primera publicada entre 1974–1977 y la segunda entre 2013–2015. Ambas series estaban dirigidas a adultos y contenían LT que iban del nivel inicial (A1, A2) al nivel intermedio (B1, B2). Concluyen que los LT publicados en el nuevo milenio dan a entender que la división por clases es inexistente y que la sociedad se basa más bien en una única clase social, esto es, la meritocracia, que la componen individuos que consiguen éxitos en la sociedad actual debido a sus esfuerzos y méritos.

## Casi total ausencia de diversidad en los usos sociolingüísticos del español

Llama la atención no solo el hecho de que en tan solo un 11.1 % de los LT se distingue entre aquellos países en los que el español se habla como L1 y aquellos en los que se usa como L2-SL, sino también que únicamente un 22.2 % de los LT mencionen el papel del español como lengua franca.

# Capítulo 6.  Conclusiones e implicaciones pedagógicas

**Resumen:** En este capítulo se concluye que el enfoque sociocultural adoptado en los LT seleccionados apenas está bien fundamentado e informado debido a (a) la presencia de enfoques simplistas que contienen información sociocultural superficial y estereotipada, (b) un enfoque dual deficiente por medio del cual se le demanda al alumno la información procedente de la C1, (c) la ausencia de estrategias que el aprendiz pueda usar para combatir actitudes etnocéntricas en los intercambios interculturales y (d) la carencia de definiciones, aclaraciones sobre términos o conceptos relevantes en la enseñanza del componente sociocultural. Con respecto a la organización del componente sociocultural, los contenidos se introducen de forma fragmentada, no existe un desarrollo gradual de los mismos y no contienen secciones regulares que fomenten la interculturalidad. Asimismo, la comunidad hispanohablante que aparece en los LT del estudio, a pesar de ser pluralista, no refleja la diversidad que la caracteriza en cuanto a la amplitud geopolítica, humana y social. Además, los diferentes usos sociolingüísticos que forman parte del español actual apenas tienen cabida en el material analizado. En general, el nivel de lengua y el año de publicación del LT no influyen en la presencia de contenidos socioculturales en dichos LT. Se aconseja a los autores de los LT examinados que (a) se introduzca el contenido sociocultural de manera gradual, (b) incluyan información sociocultural de la C1, (c) eviten un exceso de información sociocultural superficial y estereotipada para favorecer una mayor presencia de contenidos relacionados con creencias, perspectivas y valores, (d) incorporen una representación más realista de las clases sociales que componen el mundo hispanohablante y (e) reconozcan los diferentes usos sociolingüísticos que posee actualmente la lengua española.

**Palabras clave:** estereotipos, etnocentrismo, fragmentación, interculturalidad, amplitud geopolítica, amplitud humana, usos sociolingüísticos

La presencia del componente sociocultural en la enseñanza de L2 ha quedado en un discreto segundo plano debido al énfasis que se le ha otorgado a la parte formal centrada en el conocimiento gramatical y léxico, tal y como evidencian los diferentes métodos y enfoques para la enseñanza de L2. Será a partir de la década de 1990 cuando estudiosos como Michael Byram, Karen Risager y Claire Kramsch destaquen la importancia de asentar las bases de un marco teórico-descriptivo para la enseñanza del componente sociocultural en L2. Numerosas investigaciones sobre la enseñanza del componente sociocultural en L2 (cf. Atkinson, 1999; Baker, 2012; Byram y Feng, 2004; Byram y Morgan, 1994; Chastain, 1988; Holliday, 1996; Morgan, 1993; Omaggio Hadley, 1993) atestiguan que carece de sistematicidad y fundamentación.

El presente estudio responde a un interés por conocer el tratamiento que se le otorga al componente sociocultural en LT para la enseñanza y el aprendizaje del español como L2 debido no solo a la escasez de estudios sobre este componente en estos materiales, a excepción de los de Arizpe y Aguirre (1987), Bori y Kuzmanovic Jovanovic (2020), Corti (2019), Elissondo (2001), Gil Bürmann y León Abío (1998), Illescas García (2016), Morales-Vidal y Cassany (2020), Níkleva (2012), Ramírez y Hall (1990), Robles Ávila y Palmer (2020) y Williams (1978), etc., sino también al auge del español como L2, tal y como demuestran, por ejemplo, las cifras del anuario del Instituto Cervantes, *El español en el mundo 2021*. En concreto, investiga el tratamiento dado al componente sociocultural en nueve LT de español como L2, destinados a adultos y adultos jóvenes, con fines generales, publicados entre 2008–2018 por editoriales españolas con gran peso en el mercado editorial y pertenecientes a tres niveles de lengua, esto es, inicial, intermedio y avanzado. En el análisis del material seleccionado se estudia si el enfoque sociocultural presente en los LT (a) está fundamentado e informado, (b) está organizado y estructurado, (c) es diversificado o, en cambio, es selectivo y homogéneo (medido a través de la presencia/ausencia de la amplitud geopolítica del mundo hispano, de la diversidad humana y social de la comunidad hispanohablante y de la información simplificada de los usos sociolingüísticos del español [L1, L2-SL, lengua franca]) y (d) queda influido por el nivel de lengua y el año de publicación del LT.

El enfoque sociocultural que aparece en los LT analizados está bien fundamentado e informado pues en todos los LT se integran ambos tipos de cultura, es decir, la Cultura con C mayúscula y la cultura con c minúscula, además de presentar un equilibrio entre ambas en algo más de la mitad de los LT del estudio. Del mismo modo, se considera un rasgo muy positivo para fomentar el desarrollo de la competencia comunicativa intercultural el hecho de que todos los LT contemplen la presencia de un enfoque dual por medio del cual se comparan y se contrastan aspectos socioculturales de la C1 y de la C2.

Sin embargo, el enfoque sociocultural en estos LT carece de fundamentación y no está bien informado por los motivos que se presentan a continuación. Primero, no se justifica la presencia de enfoques simplistas en la mayoría de los LT analizados, ya que ofrecen una imagen estereotipada de la C2 al proporcionar información sociocultural propia de los folletos turísticos. Segundo, la presencia del enfoque dual en todos los LT, a pesar de considerarse un rasgo alentador, es defectuosa, ya que los autores de los LT no facilitan la información sociocultural correspondiente a la C1. Tercero, las posibilidades de hacer a los alumnos conscientes de la existencia de diferencias verbales y no verbales en la comunicación intercultural, de ofrecer estrategias para hacer frente a estas diferencias bajo una perspectiva no etnocéntrica o libre de prejuicios y de proporcionar información relevante procedente de otras disciplinas que ayudarían con la comunicación intercultural (verbal y no verbal) son muy escasas. Cuarto, no se presentan definiciones, ilustraciones o ejemplos de conceptos/términos que son relevantes en la enseñanza de una C2.

Los LT contienen una organización y estructura adecuadas, pues la mayoría identifican de forma explícita contenidos socioculturales que se van a enseñar en el índice. Los LT que explicitan los contenidos socioculturales en el índice presentan una estructura estable, pues en todas las unidades de estos LT aparece una sección explícita con contenidos socioculturales. En el caso de las ilustraciones que acompañan a los contenidos socioculturales, no solo están situadas junto al contenido sociocultural y/o las actividades que practican este contenido, sino que son apropiadas desde un punto de vista pedagógico. No obstante, la ausencia de un desarrollo gradual de los contenidos socioculturales en los LT junto con la inexistencia de secciones regulares que traten la consciencia intercultural conlleva que los LT examinados presenten una organización y estructuras defectuosas.

Por último, en cuanto a la presencia de una comunidad hispana internacional, pluralista y heterogénea, esta no está presente en los LT que forman parte del estudio. Existe pluralidad ya que más de la mitad de los LT no se centran exclusivamente en España, sino que se proporciona información sociocultural de forma detallada de tres o más países de la comunidad hispanohablante. No obstante, dicha pluralidad no va acompañada de la diversidad o heterogeneidad que caracteriza a esta comunidad desde el punto de vista geopolítico, humano y social y de la diversidad sociolingüística de la lengua española.

La inclusión de información sociocultural detallada sobre cinco o más países de habla hispana en menos de la mitad de los LT analizados no representa la diversidad/amplitud geopolítica de la comunidad hispanohablante, pues se caracteriza por estar compuesta por una gran cantidad de países que están situados tanto en el hemisferio norte como en el hemisferio sur y que están bajo regímenes políticos de diversa índole como pueden ser monarquía y república.

Asimismo, la amplitud humana y social (edad, clase socioeconómica y entorno) tampoco está presente. Por un lado, existe una infrarrepresentación de los adolescentes y los bebés, la clase obrera/trabajadora, personas/grupos de escasos ingresos y el entorno rural (pueblos, aldeas, agricultura, mujeres campesinas, actividades deportivas en el campo, etc.). Por otro, la clase media/media-alta urbanita queda sobrerrepresentada debido a la influencia ejercida por las ideas neoliberales que abogan por una sociedad meritocrática en la que el éxito/fracaso depende del individuo en sí. Esta falta de diversidad en lo humano y social queda también corroborada por la ausencia de los más desfavorecidos como pueden ser aquellas personas en paro, con problemas de adicción a las drogas o el alcohol y la escasez de temas actuales y/o que suscitan polémica en la comunidad hispanohablante.

En lo que concierne a los diferentes usos sociolingüísticos del español, los autores de los LT examinados casi hacen caso omiso a una realidad que cada vez está más arraigada como es el creciente uso del español como L2, ya sea en contexto de L2-SL o L2-LE, o como lengua franca, especialmente en los ámbitos de la economía y la política.

Esta ausencia de diversidad de la C2 reflejada en los LT que forman parte del estudio hace que el enfoque sociocultural que aparece en estos LT sea selectivo y homogéneo, obedeciendo a la tendencia marcada por un enfoque modernista, por medio del cual se ofrece una visión homogénea, estática y nacional de la C2 (Kramsch, 2013).

Ni el año de publicación ni el nivel de lengua de los LT ejercen influencia, tal y como atestiguan los resultados de los criterios analizados. Con respecto al año de publicación, se esperaba que los LT de reciente publicación, por ejemplo, aquellos que salieron a la luz en 2018 contuvieran alguna información respecto a la creciente importancia del español como lengua internacional en forma de L2-SL y como lengua franca (criterios (k) y (l), respectivamente, categoría 3). Por el contrario, llama la atención que este tipo de información sobre los diferentes usos sociolingüísticos del español, dentro de la actual globalización que estamos experimentando, se ofrezca en LT que fueron publicados en 2008, es decir, el LT Inicial, 2008 y el LT Avanzado, 2008. Asimismo, se esperaba que los LT publicados en 2018 hicieran más hincapié en una perspectiva etnorrelativa para reflejar la pluralidad y heterogeneidad que forman parte de la comunidad hispanohablante. En cambio, en la muestra seleccionada tan solo uno de los tres LT de reciente publicación (LT Avanzado, 2018) de forma parcial toma una postura etnorrelativa del mundo hispanohablante. El LT Avanzado, 2018proporciona información sociocultural de manera detallada sobre cinco o más países hispanohablantes, aunque no muestra la variedad existente acerca de los distintos grupos de edad, clases socioeconómicas y entornos. Sirva de ejemplo el hecho de que en este LT los bebés (0–3 años) y los niños (4–11 años) no están incluidos, además la clase obrera junto con las personas de escasos ingresos y el entorno rural quedan infrarrepresentadas.

En lo concerniente al nivel de los LT, una mayor presencia de un enfoque dual (véase criterio (d), categoría 1) y un aumento de oportunidades, aunque de forma muy tímida, para conocer las diferencias verbales y no verbales en la comunicación intercultural (véase criterio (g), categoría 1) en los LT de nivel intermedio no quedan respaldados por los estudios sobre la interculturalidad en L2. Del mismo modo, no queda justificada la presencia del criterio (k) (categoría 3) (distinción práctica entre los países en los que el español se habla como L1 y aquellos en los que se usa como L2-SL) exclusivamente en el nivel inicial y en un único LT. En cambio, el criterio (p) (categoría 3) (presencia de temas polémicos y/o actuales pertenecientes a España/otros países hispanohablantes) aparece únicamente en los LT de nivel avanzado. Es muy probable que los autores de estos LT hayan considerado el nivel avanzado de los LT examinados como el más apropiado para introducir estos temas, ya que el aprendiz necesitará de un vocabulario y contextos situacionales más específicos. El hecho de que el nivel del LT no haya influido en el tratamiento de los contenidos socioculturales de los LT queda igualmente reflejado en el estudio de Gómez Rodríguez (2015). Este autor examina los aspectos socioculturales presentes en tres LT para la enseñanza del inglés como L2-LE procedentes de tres niveles de lengua (inicial, intermedio, avanzado). Los resultados obtenidos en el estudio le llevan a concluir que independientemente del nivel de lengua del LT, los LT seleccionados no incluyen aspectos socioculturales procedentes de la cultura profunda, por ejemplo, aquellos relacionados con lo invisible, es decir, las asociaciones que reflejan la idiosincrasia de un grupo o región (Atkinson, 1999) en relación con las normas socioculturales, los diferentes estilos de vida, las creencias y los valores.

Se aconseja a los autores de LT para la enseñanza del español como L2 que en futuras ediciones: (a) introduzcan los contenidos socioculturales de forma gradual a lo largo del LT, ya sea comenzando por aquellos referidos a grupos sociales y/o situaciones concretos para proseguir con aquellos que presentan una mayor cobertura en lo sociocultural o viceversa; (b) eviten el uso abusivo de los contenidos superficiales que conllevan imágenes estereotipadas para introducir los aspectos socioculturales procedentes de la cultura invisible; (c) proporcionen un mayor reconocimiento al actual papel del español como lengua internacional, ya sea en contexto de L2-SL, L2-LE o como lengua franca; (d) incluyan presencia explícita de la C1 y eviten así que la aporte el alumnado de L2, aunque esto suponga una restricción en el mercado editorial con respecto a las ventas de LT; (e) incorporen una representación humana y social más equilibrada y realista en lo que respecta a los diferentes grupos de edades, clases socioeconómicas y entornos y (f) representen con información detallada un mayor número de países de la comunidad hispanohablante para así reflejar la cantidad y diversidad de las situaciones geopolíticas de la misma.

# Referencias bibliográficas

Abdallah-Pretceille, M. (1999). Éthique de l'altérité. *Le Francais dans le monde (Éthique, Communication et Éducation)*, 4–14.

Abdallah-Pretceille, M. (2006). Interculturalism as a paradigm for thinking about diversity. *Intercultural Education, 17*(5), 475–483.

Abello-Contesse, C. (1997). The sociocultural component in current EFL/ESL textbooks. *TESOL Spain Newsletter, 34*–35.

Abello-Contesse, C., y López-Jiménez, M.D. (2010). The treatment of lexical collocations in EFL textbooks. En M. Moreno Jaén, F. Serrano Valverde, y M. Calzada Pérez (Eds.), *Exploring new paths in language pedagogy* (pp. 95–109). London: Equinox.

Adaskou, K., Britten, D., y Fahsi, B. (1990). Design decisions on the cultural content of a course for Morocco. *ELT Journal 44*(1), 3–10.

Alptekin, C. (2002). Towards intercultural communicative competence in ELT. *ELT Journal 56*(1), 57–64. doi: 10.1093/elt/56.1.57

Ambadiang, T., y García-Parejo, I. (2006). La cultura lingüística y el componente cultural en la enseñanza de lenguas no maternas: Observaciones sobre algunos paradigmas de la competencia cultural. *Didáctica (Lengua y Literatura), 18,* 61–92.

Amerian, M., y Tajabadi, A. (2020). The role of culture in foreign language teaching textbooks: An evaluation of New Headway series from an intercultural perspective. *Intercultural Education, 31*(6), 623–644. doi: 10.1080/14675986.2020.1747291

Anderson, B. (2006). *Imagined communities. Reflections on the origin and spread of nationalism.* London: Verso.

Apple, M. (1992). The text and cultural politics. *Educational Researcher, 21*(7), 4–11; 19.

Apte, M. (1994). Language in sociocultural context. En R. E. Asher (Ed.), *The encyclopedia of language and linguistics.* Vol. 4 (pp. 2000–2010). Oxford: Pergamon Press.

Apple, M. (2004). *Ideology and curriculum.* New York: Routledge Falmer.

Areizaga, E. (2002). El componente cultural en la enseñanza de lenguas: Elementos para el análisis y la evaluación de material didáctico. *Cultura y Educación, 14*(2), 161–175.

Arizpe, V., y Aguirre, B.E. (1987). Mexican, Puerto Rican, and Cuban ethnic groups in first-year college-level Spanish textbooks. *Modern Language Journal, 71*(2), 125–137. https://doi.org/10.2307/327196

Atkinson, D. (1999). TESOL and culture. *TESOL Quarterly, 33*(4), 625–654. https://doi.org/10.2307/3587880

Auerbach, E. R., y Burguess, D. (1985). The hidden curriculum of survival ESL. *TESOL Quarterly, 19*(3), 475–495.

Avruch, K. (1998). *Culture and conflict resolution.* Washington DC: United States Institute of Peace Press.

Azimova, N., y Johnston, B. (2012). Invisibility and ownership of language: Problems of Russian language textbooks. *The Modern Language Journal, 96,* 337–349.

Babaii, E., y Sheikhi, M. (2018). Traces of neoliberalism in English teaching materials: A critical discourse analysis. *Critical Discourse Studies, 15*(3), 247–264.

Baker, W. (2012). From cultural awareness to intercultural awareness: Culture in ELT. *ELT Journal, 66*(1), 62–70. https://doi.org/10.1093/elt/ccr017

Baleghizadeh S., y Shayesteh, L. A. (2020). A content analysis of the cultural representations of three ESL grammar textbooks. *Cogent Education, 7*(1) doi: 10.1080/2331186X.2020.1844849

Bennett, J., Bennett, M., y Allen, W. (2003). Developing intercultural competence in the language classroom. En D. L. Lange y R. M. Paige (Eds.), *Culture as the core: Perspectives in second language learning* (pp. 237–270). Greenwich, CT: Information Age Publishing.

Block, D. (2015). Social class in applied linguistics. *Annual Review of Applied Linguistics, 35,* 1–19.

Block, D. (2018). Political economy and sociolinguistics: Neoliberalism, inequality and social class. London: Bloomsbury Publishing.

Block, D., y Gray, J. (2018). French language textbooks as ideologically imbued cultural artefacts: Political economy, neoliberalism and (self) branding. En S. Coffey y U. Wingate (Eds.), *New directions for language learning in the 21st century* (pp. 115–131). London: Routledge.

Bori, P. (2018). *Language textbooks in the era of neoliberalism*. London: Routledge.

Bori, P. (2019). Neoliberalisme en els libres de text de català per a no catalanoparlants adults. *Treballs de Sociolingüística Catalana, 29*, 105–118.

Bori, P. (2020). Neoliberalism governmentality in global English textbooks. *Classroom Discourse, 11*(2), 149–163.

Bori, P., y Kuzmanovic Jovanovic, A. (2020). La clase social en los libros de texto de ELE. *Sintagma, 32*, 85–99.

Brody, J. (2003). A linguistic anthropological perspective on language and culture in second language curriculum. En D. Lange y R. Paige (Eds.), *Culture as the core: Perspectives in culture in second language learning* (pp. 37–51). Greenwich, CN: Information Age.

Brogger, F. C. (1992). *Culture, language, text*. Oslo: Scandinavian University Press.

Brosh, H. (1997). The sociocultural message of language textbooks: Arabic in the Israeli setting. *Foreign Language Annals, 3*, 311–326.

Brown, H. D. (1994). *Principles of language learning and teaching*. Englewood Cliffs, New Jersey: Prentice-Hall.

Brown, H. D. (2001). *Teaching by principles; an interactive approach to language pedagogy* (2nd Ed.). White Plains, New York: Addison Wesley Longman.

Byram, M. (1989). *Cultural studies in foreign language education*. Clevedon, UK: Multilingual Matters.

Byram, M. (1991). Teaching culture and language: Towards an integrated model. En D. Buttjes y M. Byram (Eds.), *Mediating languages and cultures: Towards an intercultural theory of foreign language education* (pp. 17–32). Clevedon, UK: Multilingual Matters.

Byram, M. (1997). *Teaching and assessing intercultural communicative competence*. Clevedon, UK: Multilingual Matters.

Byram, M. (Ed.). (2000). *Routledge encyclopedia of language teaching and learning*. New York: Routledge.

Byram, M. (2008). *From foreign language education to education for intercultural citizenship*. Clevedon, UK: Multilingual Matters.

Byram, M. (2011). Intercultural citizenship from an international perspective. *Journal of the NUS Teaching Academy, 1*(1), 10–20.

Byram, M., Esarte-Sarries, V., Taylor, S., y Allatt, S. (1991). Young people's perceptions of other cultures: The role of foreign language teaching. En D. Buttjes y M. Byram (Eds.), *Mediating language and culture* (pp. 103–119). Clevedon, UK: Multilingual Matters.

Byram, M., y Feng, A. (2004). Culture and language learning: Teaching, research and scholarship. *Language Teaching, 37*(3), 149–168. https://doi.org/10.1017/S0261444804002289

Byram. M., y Fleming, M. (1998). *Language learning in intercultural perspective: Approaches through drama and ethnography.* Cambridge: Cambridge University Press.

Byram, M., y Morgan, C. (1994). *Teaching-and-learning language and culture.* Clevedon, UK: Multilingual Matters.

Canagarajah, A. S. (1999). *Resisting linguistic imperialism in English teaching.* Oxford: Oxford University Press.

Canale, G. (2016). (Re)searching culture in foreign language textbooks, or the politics of hide and seek. *Language, Culture, and Curriculum, 29*(2), 225–243. https://doi.org/10.1080/07908318.2016.1144764

Canale, M., y Swain, M. (1980). Theoretical bases of communicative approaches to second language teaching and testing. *Applied Linguistics, 1*(1), 1–46.

Candelier, M. (Ed.). (2013). *Marco de referencia para los enfoques plurales de las lenguas y las culturas.* Graz: European Centre for Modern Languages.

Canga Alonso, A., y Cifone Ponte, D. (2015). An analysis of cultural vocabulary in ELT textbooks. *Odisea: Revista de Estudios Ingleses, 16*, 83–96. doi:10.25115/odisea.v0i16.298.

Chapelle, C. A. (2016). *Teaching culture in introductory foreign language textbooks.* Basingstoke: Palgrave.

Chastain, K. (1988). *Developing second language skills: Theory and practice.* Florida: Harcourt Brace Jovanovich.

Chlopek, Z. (2008). The intercultural approach to EFL teaching and learning. *English Teaching Forum, 46*(4), 10–19.

Chun, C. W. (2009). Contesting neoliberal discourses in EAP: Critical praxis in an IEP classroom. *Journal of English for Academic Purposes, 8*(2), 111–120.

Cicala, D.E. (2016). El papel de la cultura en la didáctica del español como lengua extranjera. *Moderne Sprachen, 60*(2), 143–153.

Clarke, J., y Clarke, M. (1990). Stereotyping in TESOL materials. En B. Harrison (Ed.), *Culture and the language classroom* (pp. 29–43). Hong Kong: Modern English Publications and the British Council.

Clavel-Arroitia, B., y Fuster-Márquez, M. (2014). The authenticity of real texts in advanced English language textbooks. *ELT Journal, 68*(2), 124–134. https://doi.org/10.1093/elt/cct060

Consejo de Europa. (2001). *Marco común europeo de referencia para las lenguas.* Strasbourg: Consejo de Europa.

Consejo de Europa. (2002). *Marco común europeo de referencia para las lenguas.* Madrid: Instituto Cervantes.

Cook, V. (1995). Going beyond the native speaker. *TESOL Quarterly, 33*(2), 185–209.

Corbett, J. (2003). *An intercultural approach to English language teaching.* Clevedon, UK: Multilingual Matters LTD.

Cortazzi, M., y Jin, L. (1999). Cultural mirrors. Materials and methods in the EFL classroom. En E. Hinkel (Ed.), *Culture in second language teaching and learning* (pp. 196–219). Cambridge: Cambridge University Press.

Corti, A. (2019). *La construcción de la cultura en el español como lengua extranjera (ELE).* Münster: Waxmann.

Crystal, D. (2010). English as a 'global' language? www.macmillanglobal. com/blog/teachingtips/david-crystal-english-as-a-globallanguage. Publicado el 19 abril, 2010 en *Teaching Tips* por Matt Kay

Cunningsworth, A. (1995). *Choosing your coursebook.* Oxford: Macmillan Heinemann English Language Teaching.

Curran, C. A. (1976). *Counseling learning in second languages.* Apple River, IL: Apple River Press.

Damen, I. (1987). *Culture learning: The fifth dimension in the language classroom.* Reading, MA: Addison-Wesley Publishing Company.

Dardot, P., y Laval, C. (2014). *The new way of the world: On neoliberal society.* London, UK: Verso.

Dervin, F., y Liddicoat, A. J. (2013). Introduction: Linguistics for intercultural education. En F. Dervin y A. J. Liddicoat (Eds.), *Linguistics for intercultural education* (pp. 1–25). Amsterdam: John Benjamins.

Diller, K. C. (1971). *Generative grammar, structural linguistics and language teaching*. Rowley, MA: Newbury House.

Elissondo, G. (2001). Representing Latino/a culture in introductory Spanish textbooks. National Association of African American Studies. *Culture Monograph Series, 1*, 71–99.

Geertz, C. (1975). *The interpretation of cultures*. New York: Basic Books.

Gil Bürmann, M., y León Abío, P. (1998). El componente cultural en los manuales de E/LE: Análisis de materiales. *REALE, 9–10*, 87–105.

Göbel, K., y Helmke, A. (2010). Intercultural learning in English as foreign language instruction: The importance of teachers' intercultural experience and the usefulness of precise instructional directives. *Teaching and Teacher Education, 26*, 1571–1582.

Gray, J. (2010a). The branding of English and the culture of the new capitalism: Representations of the world of work in English language textbooks. *Applied Linguistics, 31*(5), 714–733.

Gray, J. (2010b). *The construction of English. Culture, consumerism and promotion in the ELT global coursebook*. Basingstoke: Palgrave Macmillan.

Gray, J. (2013). Introduction. En J. Gray (Ed.), *Critical perspectives on language teaching materials* (pp. 7–17). Palo Alto: Palgrave Macmillan.

Gray, J., y Block, D. (2014). All middle class now? Evolving representations of the working class in the neoliberal era: The case of ELT textbooks. En N. Harwood (Ed.), *English language teaching textbooks: Content, consumption, production* (pp. 45–71). Basingstoke: Palgrave.

Grittner, F. (1990). Bandwagons revisited: A perspective on movements in foreign language education. En D. W. Birckbichler (Ed.), *New perspectives and new directions in foreign language education* (pp. 9–43), The American Council on the Teaching of Foreign Language Education Series. Lincolnwood, IL: National Textbook.

Hamiloğlu, K., y Mendi, B. (2010). A content analysis related to the cross-cultural/ intercultural elements used in EFL coursebooks. *Sino-US English Teaching, 7*(1), 16–24.

Harvey, D. (2005). *A brief history of neoliberalism*. Oxford: Oxford University Press.

Heusinkveld, P.R. (1985). The foreign language classroom: A forum for understanding cultural stereotypes. *Foreign Language Annals, 18*(4), 321–325. https://doi.org/10.1111/j.1944-9720.1985.tb01809.x

Holliday, A. (1996). Developing a sociological imagination: Expanding ethnography in international English language education. *Applied Linguistics 17*, 234–255. https://doi.org/10.1093/applin/17.2.234

Holliday, A. (1999). Small cultures. *Applied Linguistics, 20*, 237–264. https://doi.org/10.1093/applin/20.2.237

Holliday, A. (2005). *The struggle to teach English as an international language*. Oxford: Oxford University Press.

Holliday, A. (2010). Cultural descriptions as political cultural acts: An exploration. *Language and Intercultural Communication, 10*(3), 259–272.

Hyde, M. (1998). Intercultural competence in English language education. *Modern English Teacher, 7*(2), 7–11.

Illescas García, A. (2014). "Lo hispano" según la mirada de los manuales de español en EEUU. *Actas del II Congreso Internacional Nebrija en Lingüística Aplicada a la Enseñanza de Lenguas* (pp. 304–314). Nebrija Procedia.

Illescas García, A. (2016). La competencia intercultural y su inclusión en los manuales de ELE. *Porta Linguarum, 26*, 67–79. https://doi.org/10.30827/Digibug.53924

Instituto Cervantes. (2006). *Plan curricular del Instituto Cervantes*. https://cvc.cervantes.es/Ensenanza/Biblioteca_Ele/plan_curricular/default.htm

Jones, O. (2016). Prólogo. En R. Romero y A. Tirado (Eds.), *La clase obrera no va al paraíso: Crónica de una desaparición forzada* (pp. 9–14). Madrid: Akal.

Kachru, Y. (2005). Teaching and learning of "World Englishes." En E. Hinkel (Ed.), *Handbook of research in second language teaching and learning* (pp. 155–173). Hillsdale: Lawrence Erlbaum.

Kramsch, C. (1987). Foreign language textbooks' construction of foreign reality. *The Canadian Modern Language Review, 44*, 95–119.

Kramsch, C. (1993). *Context and culture in language teaching.* Oxford: Oxford University Press.

Kramsch, C. (1998a). *Language and culture.* Oxford: Oxford University Press.

Kramsch, C. (1998b). Teaching along the cultural fautline. En R. Paige, D. Lange, y Y. Yershova (Eds.), *Culture as the core: Interdisciplinary perspectives on culture teaching and learning in the second language curriculum* (pp. 15–32). Minneapolis, MN: Center for Advanced Research on Language Acquisition.

Kramsch, C. (2006). From communicative competence to symbolic competence. *Modern Language Journal, 90*(2), 249–252.

Kramsch, C. (2009). Third culture and language education. En L. Wei, y V. Cook (Eds.), *Contemporary applied linguistics,* vol. 1 (pp. 233–254). New York: Continuum.

Kramsch, C. (2013). Teaching culture and intercultural competence. En C. Chapelle (Ed.), *The encyclopedia of applied linguistics* (pp. 1–6). Malden: Wiley-Blackwell.

Krashen, S. D. (1982). Principles and practice in second language acquisition. Oxford: Pergamon.

Kroeber, A. L., y Kluckhohn, C. (1952). *A critical review of concepts and definitions.* Cambridge, MA: The Peabody Museum of American Archaeology and Ethnology, Harvard University.

Labtic, I. G. C., y Teo, A. (2019). Presentation of cultural information in a series of English textbooks. *The New English Teacher, 13*(2), 36–50.

Lam, Phoenix W.Y. (2009). Discourse particles in corpus data and textbooks: The case of *well. Applied Linguistics, 31*(2), 260–281. https://doi.org/10.1093/applin/amp026

Lantolf, J. P., y Poehner, M. E. (2008). Introduction to sociocultural theory and the teaching of second languages. En J.P. Lantolf y M. E. Poehner (Eds.), *Sociocultural theory and the teaching of second languages* (pp. 1–30). Sheffield: Equinox.

Lappalainen, T. (2011). *Presentation of the American culture in EFL textbooks: An analysis of the cultural content of Finnish EFL textbooks for secondary and upper secondary education.* Trabajo de Fin de Máster, Department of Languages, University of Jyväskylä.

Larner, W. (2000). Neo-liberalism: Policy, ideology, governmentality. *Studies in Political Economy, 63*(1), 5–25.

Larrea Espinar, A. (2015). El aprendizaje cultural en la enseñanza del inglés y su alcance en los libros de texto. *RESLA, 28*(1), 145–168.

Larsen-Freeman, D. (2000). *Techniques and principles in language teaching*. Oxford: Oxford University Press.

Lawley, J. (2000). Muchos libros dan más problemas que soluciones. *El País*.

Lee, K-Y. (2004, December 18). *Culture teaching and learning through EFL/ESL conversation textbooks: What and how to deliver to teach it*. Comunicación presentada en la 18 International Language in Education Conference (ILEC), Hong Kong, China.

Lee, K-Y. (2005). *A study on a model of culture teaching and learning through EFL/ESL conversation materials as a generator of the successful communicative competence*. Tesis doctoral no publicada, Korea University, Seoul.

Lee, K-Y. (2009). Treating culture: What 11 high school EFL conversation textbooks in South Korea do. *English Teaching: Practice and Critique, 8*(1), 76–96.

Lévi-Strauss, C. (1958). *Anthropologie structurale*. Paris: Plon.

Liddicoat, A. J., y Scarino, A. (2013). *Intercultural language teaching and learning*. Malden, MA: Wiley-Blackwell.

Linton, R. (1972). *Estudio del hombre*. México: Fondo de Cultura Económica.

Littlejohn, A. (2012). Language teaching materials and the (very) big picture. *e-FLT: Electronic Journal of Foreign Language Teaching, 9(Supplement 1)*, 283–297.

Littler, J. (2018). *Against meritocracy*. New York: Routledge.

Liu, S. (2013). Students' attitudes toward culture learning in the English classroom: A case study of non-English major students in a Chinese university. *International Journal of English Language Education, 1*(3), 28–42. https://doi.org/10.5296/ijele.v1i3.3508

Long-Fu, X. (2001). *Teaching English cultural background: Introducing the target culture in the Chinese secondary school English classes*. Tesis doctoral, University or Tampere.

Luke, A. (1988). *Literacy, textbooks and ideology. Postwar literacy instruction and the mythology of Dick and Jane*. Bristol: The Falmer Press.

Martínez García, A. (1996). Los implícitos culturales en los libros de texto. *GRETA Revista para profesores de inglés*, 4(1), 19–25.

Masuhara, H., Hann, N., Yi, Y., y Tomlinson, B. (2008). Adult EFL Courses. *ELT Journal*, 62(3), 294–312. https://doi.org/10.1093/elt/ccn028

Matic, J. (2015). 'Big C' and 'small c' culture in EFL materials used with second year students. *Komunikacija i Cultura Online*, 6(6), 134–146.

Matsuda, A. (2002). Representation of users and uses of English in beginning Japanese EFL textbooks. *Japan Association for Language Teaching Journal*, 24, 182–200.

McConachy, T. (2018). Critically engaging with cultural representations in foreign language textbooks. *Intercultural Education*, 29(1), 77–88.

McKay, S. L. (2002). *Teaching English as an international language: Rethinking goals and approaches*. Oxford: Oxford University Press.

McKay, S.L. (2003). Teaching English as an international language: The Chilean context. *ELT Journal*, 57(2), 139–148. https://doi.org/10.1093/elt/57.2.139

Méndez García, M. C. (2003). *Los aspectos socioculturales en los libros de inglés de Bachillerato*. Jaén: Universidad de Jaén.

Méndez García, M. C. (2005). International and intercultural issues in English teaching textbooks: The case of Spain. *Intercultural Education*, 16(1), 57–68.

Met, M. (1991). Learning language through content: Learning content through language. *Foreign Language Annals*, 24(4), 281–295.

Miquel, L. (2004). La subcompetencia sociocultural. En J. Sánchez Lobato, e I. Santos Gargallo (Dirs.), *Vademécum para la formación de profesores. Enseñar español como segunda lengua (L2)/ lengua extranjera (LE)* (pp. 511–532). Madrid: SGEL.

Moore, J. (1991). *An analysis of the cultural content of post-secondary textbooks for Spanish: Evidence of information process strategies and types of learning in reading selections and post-reading adjunct questions*. Tesis doctoral no publicada, University of Minnesota, Minnesota.

Morales-Vidal, E., y Cassany, D. (2020). El mundo según los libros de texto: Análisis crítico del discurso aplicado a materiales de español LE/

L2. *Journal of Spanish Language Teaching*, 7(1), 1–19. doi 10.1080/ 23247797.2020.1790161

Moran, P. R. (2001). *Teaching culture.* Boston, MA.: Heinle Cengage Learning.

Morgan, C. (1993). Attitude change and foreign language culture learning. *Language Teaching*, 26(2), 63–75.

Murphy, T., y Asaoka, C. (2006). Creating cultures of intensive collaboration. En M. Apple y E. Shimo (Eds.), *Working together: Making a difference in language education* (pp. 2–12). Miyazaki, Japan: Japan Association for Language Teaching.

Ndura, E. (2004). ESL and cultural bias: An analysis of elementary through high school textbooks in the Western United States of America. *Language, Culture, and Curriculum*, 17(2), 143–153. https://doi.org/ 10.1080/07908310408666689

Níkleva, D.G. (2012). La competencia intercultural y el tratamiento de contenidos culturales en manuales de español como lengua extranjera. *RESLA*, 25, 165–187.

Omaggio Hadley, A. C. (1993) (3rd ed.). *Teaching language in context. Proficiency-oriented instruction.* Boston, M.A.: Heinle & Heinle Publishers.

Paige, R. M., Jorstad, H., Paulson, L., Klein, F., y Colby, J. (1999). Culture learning in language education: A review of the literature. En R.M. Paige, D. L. Lange, y Y. A. Yershova (Eds.), *Culture as the core: Integrating culture into the language curriculum* (pp. 47–114). Minneapolis, MN: The Center for Advanced Research on Language Acquisition, University of Minnesota.

Paige, R.M., Jorstad, H., Siaya, L., Klein, F., y Colby, J. (2003). Culture learning in language education: A review of the literature. En D. L. Lange y R. M. Paige (Eds.), *Culture as the core: Perspectives on culture in second language education* (pp. 173–236). Greenwich, CT: Information Age Publishing.

Pennycook, A. (1994). *The cultural politics of English as an international language.* New York: Longman.

Pennycook, A. (2002). Mother tongues, governmentality, and protectionism. *International Journal of the Sociology, 154*, 11–28.

Peterson, B. (2004). *Cultural intelligence: A guide to working with people from other cultures*. Yarmouth, ME: Intercultural Press.

Phillipson, R. (1992). *Linguistic imperialism*. Oxford: Oxford University Press.

Pinnix, E.S. (1990). *An analysis of culture content in selected first-year high school Spanish textbooks*. Tesis doctoral, University of Georgia, Georgia.

Pohjanen, P. (2007). *No better, no worse – but definitely different: The presentation of target cultures in two English textbook-series for Finnish secondary school children*. Tesis doctoral, University of Jyväskylä.

Poyatos, F. (1994). *La comunicación no verbal (I). Cultura, lenguaje y conversación*. Madrid: Istmo.

Pozzo, M. I. (2013). Los contenidos socioculturales en los libros de texto de español lengua extranjera. *Actas de las IV Jornadas y III Congreso Internacional de Enseñanza de Español como Lengua Extranjera* (pp. 102–108). Rosario-Santa Fe, Argentina: Laborde Editor.

Premier, J. A., y Miller, J. (2010). Preparing pre-service teachers for multicultural classrooms. *Australian Journal of Teacher Education, 35*(2), 35–48. https://doi.org/10.14221/ajte.2010v35n2.3

Provenzo, E., Shaver, A., y Bello, M. (Eds.). (2011). *The textbook as discourse*. New York: Routledge.

Prügl, E. (2015). Neoliberalising feminism. *New Political Economy, 20*(4), 614–631.

Raigón-Rodríguez, A. (2015). El desarrollo de la competencia comunicativa intercultural a través del aprendizaje cultural en los libros de texto. *Revista de Lenguas para Fines Específicos, 21*(1), 88–108.

Rajabi, S., y Ketabi, S. (2012). Aspects of cultural elements in prominent English textbooks for EFL setting. *Theory and Practice in Language Studies, 2*(4), 705–712. https://doi.org/10.4304/tpls.2.4.705-712

Ramírez, K., y Hall, J. K. (1990). Language and culture in secondary level Spanish textbooks. *Modern Language Journal, 74*(1), 48–65. https://doi.org/10.1111/j.1540-4781.1990.tb02553.x

Ricento, T. (2002). Introduction. *International Journal of the Sociology of Language, 154*, 1–9.

Ricento, T. (2005). Considerations of identity in L2 learning. En E. Hinkel (Ed.), *Handbook of research in second language teaching and learning* (pp. 895–910). Hillsdale, Lawrence Erlbaum.

Richards, J. C. (2001). *The role of textbooks in a language program*. Cambridge, UK: Cambridge University Press.

Richards, J. C. (2005). *The role of textbooks in a language program*. http://www.professorjackrichards.com/work.htm

Richards, J. C., y Schmidt, R. (2010). *Longman dictionary of language teaching & applied linguistics*. Harlow: Longman.

Risager, K. (1998). Critique of textbook criticism. En D. Albrechtsen, B. Henriksen, I. M. Mees, y E. Poulsen (Eds.), *Perspectives on foreign and second language pedagogy* (pp. 51–61). Odense: Odense University Press.

Risager, K. (2006). *Language and culture. Global flows and local complexity*. Clevedon, UK: Multilingual Matters.

Risager, K. (2007). *Language and culture pedagogy: From a national to a transnational paradigm*. Clevedon: Multilingual Matters.

Risager, K. (2008). *Towards a transnational paradigm in language and culture pedagogy*. Comunicación presentada en la AAAL 2008 Annual Conference, marzo, 2008, Washington D.C., USA.

Risager, K. (2011). The cultural dimensions of language teaching and learning. *Language Teaching, 44*(4), 485–499. https://doi.org/10.1017/S0261444811000280

Risager, K. (2014). Analysing culture in learning materials. *Sprogforum, 59*.

Risager, K., y Chapelle, C. A. (2013). Culture in textbook analysis and evaluation. En C. A. Chapelle (Ed.), *The encyclopedia of applied linguistics* (pp. 162–1625). Wiley: Blackwell.

Rivers, W. (1968). *Teaching foreign language skills*. Chicago: University of Chicago Press.

Robinson, G. (1985). *Crosscultural understanding. Process and approaches for foreign language, English as a second language and bilingual educators*. New York: Pergamon Press.

Robinson, G. (1994). Second culture acquisition. *Actas de la Southwest Conference on Language Teaching* (pp. 114–122).

Robles Ávila, S., y Palmer, I. (2020). Competencia pluricultural en ELE: De los documentos de referencia a los manuales de español actuales. *Porta Linguarum, 34*, 125–143. http://hdl.handle.net/10481/63862

Ruiz San Emeterio, E. (2004). Contenidos culturales en manuales de ELE y en los métodos de cultura y civilización española. *RedEle, 1*.

Sadeghi, K., y Sepahi, Z. (2017). Cultural content of three EFL textbooks: Teachers' and learners' cultural preferences and cultural themes of textbooks. *Pedagogies: An International Journal, 13*(3), 222–245.

Schneider, E. (2003). The dynamics of new Englishes: From identity construction to dialect birth. *Language, 79*(2), 233–281.

Scollon, R., y Scollon, S. W. (2000). *Intercultural communication. A discourse approach.* Oxford, UK: Blackwell.

Scollon, R., y Scollon, S.W. (1995). *Intercultural communication.* Cambridge, USA: Blackwell.

Sercu, L. (2000a). Textbooks. En M. Byram (Ed.), *Routledge encyclopedia of language teaching and learning* (pp. 720–723). London: Routledge.

Sercu, L. (2000b). *Acquiring intercultural communicative competence from textbooks. The case of Flemish adolescente pupils learning German.* Leuven: Leuven University Press.

Shardakova, M., y Pavlenko, A. (2004). Identity options in Russian textbooks. *Journal of Language, Identity, and Education, 3*(1), 25–46.

Shin, J., Eslami, Z. R., y Chen, W.C. (2011). Presentation of local and international culture in current international English-language teaching textbooks. *Language, Culture and Curriculum, 24*, 253–268.

Sleeter, C.E., y Grant, C.A. (2011). Race, class, gender and disability in current textbooks. En E. Provenzo Jr., A. N. Shaver, y M. Bellow (Eds.), *The textbook as discourse: Sociocultural dimensions of American schoolbooks* (pp. 183–215). London, UK: Routledge.

Starkey, H. (1991). World studies and foreign language teaching: Converging approaches in text-book writing. En D. Buttjes y M. Byram (Eds.), *Mediating languages and cultures* (pp. 209–227). Clevedon, UK: Multilingual Matters.

Stern, H.H. (1983). *Fundamental concepts of language teaching.* Oxford: Oxford University Press.

Stern, H.H. (1992). *Issues and options in language teaching.* Oxford: Oxford University Press.

Street, B.V. (1993). Culture is a verb: Anthropological aspects of language and cultural process. En D. Graddol y M. Byram (Eds.), *Language and culture* (pp. 23–43). Clevedon: BAAL in association with Multilingual Matters.

Swann, J., Deumert, A., Lillis, T., y Mesthrie, R. (2004). *A dictionary of sociolinguistics*. Edinburgh: Edinburgh University Press.

Tomalin, B., y Stempleski, S. (1993). *Cultural awareness*. Oxford: Oxford University Press.

Tomlinson, B. (2008). *English language learning materials—A critical review*. London: Continuum.

Tomlinson, B. (2012). Materials development for language learning and teaching. *Language Teaching, 45*, 143–179. https://doi.org/10.1017/s0261444811000528

Tomlinson, B., Dat, B., Masuhara, H., Rubdy, R. (2001). EFL courses for adults. *ELT Journal, 55*(1), 80–101. https://doi.org/10.1093/elt/55.1.80

Tudor, I. (2001). *The dynamics of the language classroom*. Cambridge, UK: Cambridge University Press.

Varón Páez, M. (2009). Componente cultural, libros de texto y enseñanza del inglés como lengua extranjera. *Forma y Función, 22*(1), 95–124.

Webber, M. J. (1987). The role of culture in a competence-based syllabus. *Theory into Practice, 26*(4), 251–257. https://doi.org/10.1080/00220272.2015.1056233

Widdowson, H. G. (1998). Context, community and authentic language. *TESOL Quarterly, 32*(4), 705–716.

Williams, S.A. (1978). Spanish cultural materials with a local focus: The Chicano, Cuban, and Puerto Rican Connection. *Foreign Language Annals, 11*, 375–380. https://doi.org/10.1111/j.1944-9720.1978.tb00052.x

Wu, J. (2010). A content analysis of the cultural content in the EFL textbooks. *Canadian Social Science, 6*(5), 137–144. http://dx.doi.org/10.3968/j.css.1923669720100605.016

Yuen, K-M. (2011). The representation of foreign cultures in English textbooks. *ELT Journal 65*(4), 458–466. https://doi.org/10.1093/elt/ccq089

Zuengler, J., y Miller, E. R. (2006). Cognitive and sociocultural perspectives: Two parallel SLA worlds? *TESOL Quarterly, 40* (1), 35–58.

www.ingramcontent.com/pod-product-compliance
Lightning Source LLC
Chambersburg PA
CBHW030458100426

42813CB00002B/260